"十二五"国家重点图书出版规划项目

社会系列

牛佛镇史话

A Brief History of Niufo

巴 骄 著

社会科学文献出版社
SOCIAL SCIENCES ACADEMIC PRESS (CHINA)

总　序

　　中国是一个有着悠久文化历史的古老国度，从传说中的三皇五帝到中华人民共和国的建立，生活在这片土地上的人们从来都没有停止过探寻、创造的脚步。长沙马王堆出土的轻若烟雾、薄如蝉翼的素纱衣向世人昭示着古人在丝绸纺织、制作方面所达到的高度；敦煌莫高窟近五百个洞窟中的两千多尊彩塑雕像和大量的彩绘壁画又向世人显示了古人在雕塑和绘画方面所取得的成绩；还有青铜器、唐三彩、园林建筑、宫殿建筑，以及书法、诗歌、茶道、中医等物质与非物质文化遗产，它们无不向世人展示了中华五千年文化的灿烂与辉煌，展示了中国这一古老国度的魅力与绚烂。这是一份宝贵的遗产，值得我们每一位炎黄子孙珍视。

　　历史不会永远眷顾任何一个民族或一个国家，当世界进入近代之时，曾经一千多年雄踞世界发展高峰的古老中国，从巅峰跌落。1840 年鸦片战争的炮声打破了清帝国"天朝上国"的迷梦，从此中国沦为被列强宰割的羔羊。一个个不平等条约的签订，不仅使中国大量的白银外流，更使中国的领土一步步被列强侵占，国库亏空，民不聊生。东方古国曾经拥有的辉煌，也随着西方列强坚船利炮的轰击而烟消云散，中国一步步堕入了半殖民地的深渊。不甘屈服的中国人民也由此开始了救国救民、富国图强的抗争之路。从洋务运动到维新变法，从太平天国到辛亥革命，从五四运动到中国共产党领导的新民主主义革命，中国人民屡败屡战，终于认识到了"只有社会主义才能救中国，只有社会主义才能发展中国"这一道理。中国共产党领导中国人民推倒三座大山，建立了新中国，从此饱受屈辱与蹂躏的中国人民站起来了。古老的中国焕发出新的生机与活力，摆脱了任人宰割与欺侮的历史，屹立于世界民族之林。每一位中华儿女应当了解中华民族数千年的文明史，也应当牢记鸦片战争以来一百多年民族屈辱的历史。

当我们步入全球化大潮的 21 世纪，信息技术革命迅猛发展，地区之间的交流壁垒被互联网之类的新兴交流工具所打破，世界的多元性展示在世人面前。世界上任何一个区域都不可避免地存在着两种以上文化的交汇与碰撞，但不可否认的是，近些年来，随着市场经济的大潮，西方文化扑面而来，有些人唯西方为时尚，把民族的传统丢在一边。大批年轻人甚至比西方人还热衷于圣诞节、情人节与洋快餐，对我国各民族的重大节日以及中国历史的基本知识却茫然无知，这是中华民族实现复兴大业中的重大忧患。

中国之所以为中国，中华民族之所以历数千年而不分离，根基就在于五千年来一脉相传的中华文明。如果丢弃了千百年来一脉相承的文化，任凭外来文化随意浸染，很难设想13亿中国人到哪里去寻找民族向心力和凝聚力。在推进社会主义现代化、实现民族复兴的伟大事业中，大力弘扬优秀的中华民族文化和民族精神，弘扬中华文化的爱国主义传统和民族自尊意识，在建设中国特色社会主义的进程中，构建具有中国特色的文化价值体系，光大中华民族的优秀传统文化是一件任重而道远的事业。

当前，我国进入了经济体制深刻变革、社会结构深刻变动、利益格局深刻调整、思想观念深刻变化的新的历史时期。面对新的历史任务和来自各方的新挑战，全党和全国人民都需要学习和把握社会主义核心价值体系，进一步形成全社会共同的理想信念和道德规范，打牢全党全国各族人民团结奋斗的思想道德基础，形成全民族奋发向上的精神力量，这是我们建设社会主义和谐社会的思想保证。中国社会科学院作为国家社会科学研究的机构，有责任为此作出贡献。我们在编写出版《中华文明史话》与《百年中国史话》的基础上，组织院内外各研究领域的专家，融合近年来的最新研究，编辑出版大型历史知识系列丛书——《中国史话》，其目的就在于为广大人民群众尤其是青少年提供一套较为完整、准确地介绍中国历史和传统文化的普及类系列丛书，从而使生活在信息时代的人们尤其是青少年能够了解自己祖先的历史，在东西南北文化的交流中由知己到知彼，善于取人之长补己之短，在中国与世界各国愈来愈深的文化交融中，保持自己的本色与特色，将中华民族自强不息、厚德载物的精神永远发扬下去。

《中国史话》系列丛书首批计200种，每种10万字左右，主要从政治、经济、文化、军事、哲学、艺术、科技、饮食、服饰、交通、建筑等各个方面介绍了从古至今数千年来中华文明发展和变迁的历史。这些历史不仅展现了中华五千年文化的辉煌，展现了先民的智慧与创造精神，而且展现了中国人民的不屈与抗争精神。我们衷心地希望这套普及历史知识的丛书对广大人民群众进一步了解中华民族的优秀文化传统，增强民族自尊心和自豪感发挥应有的作用，鼓舞广大人民群众特别是新一代的劳动者和建设者在建设中国特色社会主义的道路上不断阔步前进，为我们祖国美好的未来贡献更大的力量。

陈奎元

2011 年 4 月

出版说明

自古至今，始终坚持不懈地从漫长的文明进程中不断总结历史经验教训，从中汲取有益营养，从而培植广阔的历史视野，并具有浓厚的历史意识，这是我们中国文化独有的鲜明特征，中华民族亦因此而以悠久的"重史"传统著称于世。在整个人类文明史上独一无二、系统完备的"二十四史"即证明了这一点。

中华人民共和国成立后，历史知识普及工作被放到十分重要的位置。20世纪五六十年代，著名历史学家吴晗主持编写的《中国历史小丛书》，90年代中国社会科学院院长胡绳组织编写的《中华文明史话》和《百年中国史话》，成为"大家小书"的典范，而后两套历史知识普及丛书正是《中国史话》之缘起。

2010年年初，为切实贯彻中央关于"做好历史知识普及工作"的指示精神，同时也为了更好地弘扬中国传统文化，我们对《中华文明史话》和《百年中国史话》

两套丛书的内容进行了修订和增补，重新设计框架，以"中国史话"为丛书名出版。第十一届全国政协副主席、时任中国社会科学院院长陈奎元亲任《中国史话》一期编委会主任，时任中国社会科学院副院长武寅任编委会副主任。正是有了各级领导的关心支持和诸多学术名家的积极参与，《中国史话》一期200种图书得以顺利出版，并广受好评。

《中国史话》丛书的诞生，为历史知识普及传播途径的发展成熟，提供了一种卓具新意的形式。这种形式具有以通俗表述、适中篇幅和专题形式展现可靠历史知识的特征。通俗、可靠、适中、专题，是史话作品缺一不可的要素，也是区别于其他所有研究专著、稗官野史、小说演义类历史读物的独有特征。

囿于当时条件，《中国史话》一期的出版形式不尽如人意，其内容更有可以拓展的广阔空间，为此2013年4月我们启动了《中国史话》二期出版工作。《中国史话》二期分为经济、政治、文化、社会和生态五大系列，拟对中国各区域、各行业、各民族等的发展历史予以全方位介绍。我们并将在适当时机，启动《世界史话》的出版工作。史话总规模将达数千种。

我们愿携手海内外专家学者，将《中国史话》《世界史话》打造成以现代意识展现全部人类历史和人类文明，集学术性、知识性、趣味性于一体的"万有文库"；并将承载如此丰厚内容的史话体写作与出版努力锻造成新时期独具特色的出版形态。

希望史话丛书能在形塑民族历史记忆、汲取人类文明精华、培育现代国民方面有所贡献，并为广大读者所喜爱。

史话编辑部
2014 年 6 月

目 录
Contents

金牛赋（代序）

沱江之浒，巴蜀之南，古镇牛佛，卓尔千年。江流萦带，迤逦缠绵。护乡佑里，神牛傲岸。明初定名，世代袭沿。溯源追根，迹遗秦汉。昔乃富顺辖下之重镇，富庶祥顺；今为大安珮上之明珠，大埠承安。

奇山异水，可点可圈。绵延起伏兮丘陵，纵横交错兮陌阡，逶迤婀娜兮江河，星罗棋布兮塘堰。空谷跫音，高码头尝闻；江风山月，金字山可揽。忠贞不渝，鲤鱼石定格；顽强坚韧，红珠坝浸涵。移民传说，观音洞演绎；仙人驾鹤，道士洞释诠。月亮岩，岩映月，岩月流素如瀑；响水洞，洞交响，洞响震声若雷。传曰罐山遥降自峨眉，獬豸能辨是与非。

斯域也，民风淳淳，崇义尚贤。追忆曩昔，渡河千险。义士绅商，义渡解难。随到随渡，不取毫纤。义风义概，义无踟旋！地灵人杰兮，辈出英贤。明有郭明远，榜谕进士，正直为官；清有林竹虚，甄陶甚众，卓然可传。才学过人，众口交赞卢庆家；侠肝义胆，当之无愧张笑山。舍身殉国，抗日英烈陈克勤；舍安就危，民主斗士李安澜。廖氏兄弟，悬壶济世，国粹针灸，海外誉叹。村夫野老，亦有华冕。犁把锄头，风播草镰，名师名匠，技艺世传。噫嘻！代代有奇才，行行出状元。

斯域也，治世物阜而民丰，乱世有惊而无险。清咸丰之季，李蓝起事于大关，驰战于西南。啸集牛佛，维稳维安。称王登基，张榜纳贤。天后宫里，莺歌燕舞；牛王山头，旗卷旌翻。营连百里，声震霄渊。福兮祸兮，得焉失焉？李蓝既溃而清亦衰亡，惟天地遐永而江流恒远！

斯域也，地当水陆冲要，下通泸渝，上达资简。糖道和盐道交会，舟楫共车马漕转。人挑马驮，络绎盈途；客船货轮，堵江塞岸。历为商贸大埠，西市卖米，东市售盐。村夫走贩，兜售特产；富商巨贾，趸销糖盐。九街十八巷，五省八庙连。檐牙高啄，碧瓦青砖，鳞次栉比，砌玉雕栏。客货盈盈，其昌其繁。

喜观今日，旧貌新颜。商铺萃聚，货色齐全。产业共商贸齐飞，国道与村道相连。园林胜景，曲径幽兰。高亭矮榭，箫长笛短。茶肆川剧坐唱，清音绕柱；河干龙舟竞渡，气势掀天。美食风味，遐迩有誉。牛佛烘肘，色味俱全。萝卜红龙，脆嫩回甘。沱江河鲜，妙不可言。

但得众生皆得饱，不辞羸病卧残阳。昔曾闻，神牛慈航渡众生；今昭见，金牛雄起马儿山。寰宇之内，赤子情牵，文化名镇，再续华篇。嗟乎！显贵枭狐俱逝矣，江风山月总依然。

文明之华光，方能照耀永远；文化之承传，岂可视之等闲！不趋功而功成，功臻至伟也；不趋利而利现，利在信义焉。千秋之计，诚当如是！

岁次壬辰初冬之吉　巴骄　撰

一　沱江明珠　千年古镇

　　牛佛古镇位于四川盆地南沿，沱江下游。地当水陆冲要，历为客流、物流集散地，富庶繁盛，闻名遐迩。牛佛建镇迄今已有 1000 余年历史，宋前名曰高市镇，北宋时期为富顺监所辖 13 镇之一。明初，正式更名为牛佛镇。2005 年 8 月 1 日，牛佛由富顺县划归自贡市大安区行政管辖。

沱江环抱的牛佛古镇

　　1994 年，牛佛镇被批准为四川省首批小城镇试点镇；1995 年，被批准为国家级小城镇试点镇；2003 年，被列为四川省首批小城镇建设重点镇；2009 年 3 月，被评选为四川省十佳魅力风情名镇；2009 年 9 月，荣列四川省历史文化名镇；2012 年 6 月，获四川省最具保护价值古城镇殊荣；2014 年 2 月，荣列中国历史文化名镇。

1 区位环境

牛佛镇位于四川盆地南沿，沱江下游，自贡市东部。古镇中心地理坐标为北纬 29°22′39″，东经 105°1′59″。东与内江市隆昌县桂花井乡、黄家镇接壤，南与自贡市大安区回龙镇、沿滩区瓦市镇相邻，西与大安区新店镇、何市镇相交，北与大安区庙坝镇、永嘉乡相连。面积 76.65 平方公里，耕地面积 39887 亩，现辖 33 个行政村、2 个场镇社区居委会，共 313 个村民小组和 12 个居民小组。2013 年，总人口 70936 人，其中农业人口 56736 人、城镇人口 14200 人；总户数 23197 户，其中农业户 17703 户、城镇户 5494 户。

镇域气候属典型亚热带季风气候，四季分明，湿润温和，雨量充沛，日照充足，无霜期长。极端最高气温 41.3℃（出现于 2006 年 8 月 12 日），最低气温 –2.1℃（出现于 1977 年 1 月 10 日），年平均气温 18℃ 左右。无霜期达 354 天，年降雨量 1041 毫米，常年主导风向为北风、东北风，平均风速为 1.8 米/秒。

镇域属浅丘地貌，由构造剥蚀地貌、构造侵蚀地貌、侵蚀堆积地貌组合而成，属于自流井凹陷南沿，地势北高南低，海拔在 280.5 ~ 388 米。构造剥蚀地貌占镇域总面积的 80% 以上，地表丘陵错综起伏，主要形态为方山状低丘。丘顶为砂岩覆盖，其下砂岩、页岩重叠，丘坡呈台阶状。低丘间为冲沟和谷地，稻田密布。此外，境内平坝主要属于侵蚀堆积地貌，是较为完整的一级阶地，为新老冲积物堆积，土层深厚。镇域内有八大平坝，占原富顺全县平坝总数的 30% 左右。八大平坝为：郭家坝、张家坝、谢家坝、肖家坝、晏家坝、曹家坝、烟墩坝、湖泗坝。郭家坝系古代河床，以其 9000 亩的面积而位列全境之首。郭家坝又称郭家三坝，即前坝—罗塘坝、中坝—藕塘坝、后坝—红旗坝。

牛佛镇土地肥沃，物产丰饶。粮、油、蔗、林、果、渔，农副产品和多种经营发展面广。粮油作物以水稻、小麦、玉米、红苕、油菜子、花生为大宗，胡豆、豌豆、高粱、黄豆以质优见长。经济作物中的甘蔗、蚕桑等为传统著名产品。水果品种以柑橘为主，有梨、桃、李、杏、桂圆、荔枝等十多个品种。位于牛佛镇双龙桥水库的园艺场，有果园面积 145.73 亩，主要栽培"锦橙""罗脐""碰柑""12 号耐贮脐橙""柳橙""大红李""金蜜李""柚子""枇杷"等优良品种。1994 年，"罗脐""锦橙"被评为市优、省优、部优产品，双双获得国家金奖。

在四川省境内，长江四大支流之一的沱江，流经镇域达19.6 公里。牛佛古镇是沱江下游重镇，旅游资源丰富。依山傍水而建的古镇，背靠后山坡，旁倚马儿山。隔岸，牛王山郁郁葱葱，别具风貌。蜿蜒的沱江环抱古镇，形如太极图。沱江河道从东北方向而来，又向东南方向而去。古人建造尤其注重风水，风水学上将这种形状称为"太极水"。通俗来讲，牛佛古镇就是建立在一块风水宝地之上。古镇风貌保存较好，至今仍保留着"九街十八巷""五省八庙"的遗韵。

牛佛古镇是历史文化名城自贡市的重要组成部分，也是四川省旅游南环线上的重要节点。牛佛古镇东到隆昌县城、南达富顺县城、西至自贡市中心、北抵内江市区，相距均约 35 公里；与周边相邻的瓦市、新店、何市、永嘉、黄家、庙坝、回龙、先锋、永胜 9 个场镇分别相距约 10 公里，向来有"四个九十里，九个三十里"之说。加之濒临沱江中下游的联结点，地理位置优越，故牛佛镇成为闻名遐迩的客流、物流集散地。

牛佛古镇图

2　历史沿革

牛佛古镇的历史可追溯到 2000 年前。远在东汉时期，牛佛古镇即为人类重要的活动中心。从双河村考古发现的东汉崖墓群宏大的建筑规模和精湛的雕刻工艺可知，东汉时牛佛地区已具有较高生产力水平和较为繁荣的社会经济。

牛佛建镇迄今已有 1000 余年。据文献记载，北周武帝天和二年（567），划江阳县北部富世盐井及附近地区设雒源郡及富世县，牛佛为富世县所辖。唐太宗贞观二十三年（649），以避太宗李世民讳，富世县改为富义县。宋太祖乾德四年（966），富义县掌煎盐，故升为富义监，隶梓州（潼川）府路。宋太宗太平兴国元年（976），以避太宗赵光义讳，富义监改为富顺监。其时，牛佛为同下州富顺监13镇之一，名为高市。宋《元丰九域志》有云："高市镇，监北七十里。"

牛佛镇的得名，缘于其独特的自然山水和一则古老的传说。沱江西岸，一山耸峙，势颇雄杰，逼江临水，浑若牛形，这就是我们今天所见到的牛王山。传说很久很久以前，有一次沱江发大水，一头老水牛前来拯救为水患所困的芸芸众生。当众人从洪水中救起后，老水牛即在岸边坐化成佛，这便是"牛佛"的由来。山下渡口被称作牛佛渡，系沱江中下游最大的码头之一，远近闻名，明初遂将古镇正式定名为牛佛镇。牛佛渡亦为牛佛镇之代称，市井坊间别称牛儿渡。清代，这里被称为牛佛渡保，属于富顺县在城乡上东路。因本地商贸繁盛，每逢场期，必引周围数十里之众聚集，称为牛佛渡场。清咸丰十年（1860）秋，李蓝起义军20万人会师牛佛渡，建都称王，以天后宫为王宫，改年号为顺天元年，踞此6月余。此后，民间便流传有牛佛都之称。民国初年，这里被称为牛佛渡团，1934年复称牛佛镇，镇名沿用至今。

宋、元时期，镇址设在现今的沱江西岸肖家坝圣果寺侧。明末清初战乱四起，四川大多数地区人口锐减，包括牛佛在内的整个富顺地区，十室九空，田园荒芜，生产停滞。为休

牛王山

养生息，发展生产，清政府开始从湖北麻城等地移民至此，然后陆续又有广东、福建、江西的移民来到牛佛。原来圣果寺侧一条小街的镇址已远远满足不了众多移民的住宿要求，为和码头渡口相衔接，遂由沱江西岸迁往东岸今址。此处地势得天独厚，以后山坡为倚靠，隔江有牛王山作为屏障。江面开阔，水深流缓，上、中、下三个码头可容过往大小船只停泊。

明嘉靖时期，富顺县西北角自流井盐场兴起，川东地区至此贩运食盐，必经牛佛镇。牛佛古镇人气渐趋旺盛，集镇也由西北向东南扩展。从1650年开始，牛佛古镇经过三四十年间在东岸新址形成了九街十八巷的规模。清咸丰、同治年间，太平天国占据东南半壁河山，淮盐不能上运。因"川盐济楚"，自贡盐场产量激增，盐场人口和货物需求量也直线上升，牛佛古镇成为"川盐陆路东运"和百货西运的转运站，场镇进一步扩大。

历史上，牛佛古镇曾为富顺县所辖之牛佛区治，是区域性政治、经济和文化中心。1935～2001年，行政区划几经演变。1935年该区建立六区，辖牛佛镇（28保）、回龙镇（34保）、瓦市镇（30保）、大岩乡（17保）、河北乡（34保）、新店乡（13保）、何市乡（50保）、庙坝乡（17保）、仙市镇（39保）；1949年9月，牛佛区被称为二区，辖牛佛镇（21保）、庙坝乡（6保）、三卢乡（9保）、升平乡（6保）、卫坪乡（6保）、仙市乡（12保）、何市乡（8保）、瓦市乡（8保）、新店乡（6保）、回龙乡（16保）、骑龙乡（6保）、中石乡（16保）、戴寺乡（10保）；1950年后被称为三区；1955年11月因驻地牛佛镇而正式更名为牛佛区。1994年牛佛区所辖沱湾乡、牛佛乡撤销，1995年9月牛佛区所辖永新乡撤销，它们先后并入牛佛镇。牛佛区在2001年撤销前，辖1镇3乡，即牛佛镇、庙坝乡、回龙乡、王大山乡。其时，东与隆昌县桂花井乡、黄家镇相连，西与自贡市大安区何市镇、永嘉乡、新店乡连接，北与内江市龙门镇、黄石镇、中山镇接壤，南与富顺县瓦市镇、狮市镇毗邻。全区南北长28公里、东西宽10公里，面积130.92平方公里。人口有3.98万户，13.5万人。2001年4月，经四川省人民政府批准，富顺县牛佛区撤销，所辖王大山乡并入牛佛镇。同时，庙坝乡、回龙乡分别设为镇。

2005年8月1日，牛佛镇由富顺县划归自贡市大安区行政管辖。

3　商贸重镇

位于沱江下游的牛佛古镇，扼水陆交通冲要，上通资简（资中、简阳），下达泸渝（泸州、重庆），自古以来就是沱江流域的一个大码头和重要的商品集散地。这里规模和气派超过普通的小县城。沱江流域主要的大码头，素有"上有赵家渡，下数牛佛渡"之说。

牛佛地区物产丰饶，在清初即成为富顺县最大的甘蔗作物区，并与四川蔗糖主产区内江连成一片，逐步形成了近代土法制糖的作坊工艺和规模化生产。清末至民国，牛佛地区食糖产量占全县食糖产量的一半以上。内江糖区所产红糖销往川内外，其中有一部分就是通过沱江运抵牛佛转销。

18 世纪中期后，牛佛古镇的资本主义工商业得到发展，这与其优越的地理环境和水陆交通枢纽地位有密切关系。20世纪 50 年代成渝铁路通车前的数百年间，牛佛古镇的水陆交通枢纽地位尤为突出。

陆路，牛佛渡是川南与川东来往的东大路枢纽，是自流井井盐外运的重要口岸。因井盐运销的带动，牛佛古镇在明清井盐生产鼎盛时期得到了进一步的发展。自贡盐场的食盐经陆路运销下川东（含重庆），须从大山铺运抵牛佛渡囤积或转销。乾隆十八年（1753），清廷设盐税关卡于牛佛渡，专司征税查私。

川南乐山的丝绸等运销下川东；川东荣昌、永川、重庆的百货，以及隆昌的煤、白马庙的纸运销自贡、乐山，因为沱江阻隔，东来西往都须在此短暂停驻。那时，每日可见，牛佛大道上人担马驮，络绎于途，熙熙攘攘，摩肩接踵。

沱江是川西到川南，经泸州入长江、下重庆、出湖广的快捷航道。川西平原的大米销往自贡盐场，必在金堂赵家渡用木船运到牛佛镇米行。赵家渡船帮常有上百艘船往返两地。内江地区吴家铺木船帮的几十只载米船也是常年来往不绝。牛佛古镇沱江江面每日可见百舸争流、千帆竞渡的景象。每到傍晚泊船时间，只见帆樯如林，人声鼎沸，有时连河心也泊有船只，连成水上闹市。河滩上，除洪水季节，春、秋、冬三季都搭设有两条棚户街，昼夜为船民服务。

沱江渡口更是渡船穿梭，热闹繁华。沱江由北向南流，截断了东大路的陆上交通，在没有桥梁的年代，就靠"木船横渡"把它联结起来。当时，牛佛古镇有 3 个渡船码头，分别是鱼市口正码头、沱湾码头和沙湾码头。鱼市口正码头共有木船五六十只，它们大小不同，分渡人和渡畜。其中，义渡会大型渡船 16 只，私营专载骡马的渡船 10 余只。沱湾码头有木船 20 余只，沙湾码头船只较少。从早晨天明开渡，晚晌"二更"收渡，每天运送 12 小时左右。如遇急事，则不受时间限制。过江后，人、畜还要从牛王山侧的两条石板大路分流，以免路上拥挤。这种景象在一般场镇是见不到的。牛佛横渡日运量数以万计，年运量达 380 万人次以上。

基于以上原因，牛佛镇的货物常年堆积，交易频繁，遂有"扯不空的牛儿渡，塞不满的大山铺"的民谣。清代，牛佛镇已经成为具有资本主义雏形的商贸大镇。清末民初，牛佛古镇的资本主义经营特色更为明显，钱庄、堆金会、当铺发达。特别值得一提的是，比富顺县城还早建立的现代银行机构——牛佛渡中国银行于1931年就在贺乐堂设立。还有批发经营食盐的盐帮以及分别经营大米、食糖、烟丝的米行、糖帮、烟帮等，门类之全，远非其他小场镇可比。

二 话说九街 访览八庙

在清代以农耕经济为主的时期，牛佛古镇已成为具有资本主义经济雏形的商贸大镇。随着商贸的发展，古镇的建筑特色也随之显现。古镇占地面积达 40 公顷，相当于川南一般小县城的规模。

暮色中的后街

一则流传至今的清代民谣，生动而形象地概括了牛佛古镇历史上的规模和格局：九街十八巷，中间有个鸭儿凼，五省八庙七栅子，河北老街隔河望。

1 街巷格局

千年古镇牛佛，本身就是一处蕴含丰富的历史文化遗存。自 17 世纪下半叶开始，牛佛镇的各地移民和战乱后陆续返回故乡的原住民一起，用勤劳的双手建设自己的家园，至 18 世纪末期，经过 100 年的发展，牛佛成为沱江下游大镇之一，形成了九街十八巷。后又经清末、民国的不断拓展，牛佛在原有九街的基础上增建镶边场街、大米市街、后街、仙婆街、横街、新街等。古镇街道的命名，显示了商贸经营的特色。如油房街有陈冯等姓的土榨油作坊；箱子街有陈姓箱子店、龚姓木器店；面房街有何、曾等姓氏的六七家手工面作坊；大米市街有较多的米行、粮食货栈，专销川西平原和内江地区的大米杂粮；席子街为各地贩卖草席、竹席之处；力行巷是"劳务市场"，当时叫"人市"，是雇请脚夫、搬运等劳动力的地方。

下面我们就循着九街兴起的先后顺序，粗略地感知古镇不断拓展的过程。

猪市街 因农户自发地在此交易生猪而得名，街道长 140 米。此处逐渐搭起一些草房和埋杈房子（多将竹竿、木棒埋于地下，然后捆上房架，再在房架上加盖一些稻草、蔗叶或小青瓦，墙壁则用竹篾架成），到 20 世纪 30 年代初，被一场大火一扫而光，后逐步建成现今的猪市街。如今，猪市早已迁往他处，这里变成了居民区。1981 年，猪市街与铁匠街一并更名为解放街。

铁匠街　由于自流井的井盐和荣昌、隆昌等地大米的运输都要途经此街口，驮马常在这里钉马掌，加之修造船舶也需大量铁钉，农民生产更离不开铁制农具，因此，铁器行业兴盛并集中于此，这里几乎家家户户都设红炉打铁，故名铁匠街。但因红炉火势大，易引起事故，又因街太短，仅十余间店铺已不能适应生产发展的需要，故逐步迁至河坝，搭起临时工棚生产经营。铁匠街至此名存实亡，铁匠铺多改作商店。

双正街　历史上，牛佛古镇曾有过一段不同寻常的时期。清咸丰十年（1860）冬，李永和、蓝朝鼎领导的起义队伍 20万之众，曾在牛佛驻扎。李永和来到牛佛后，看上了这块风水宝地，决意定都牛佛，以此街的天后宫作为其王宫，仿朝廷建制封官加爵，开科取士，并将双正街命名为"御街"。自此之

双正街

后数十年间，这里都是地方最高行政长官驻所。因此，这条街遍设茶馆、酒店、栈房，专为来此公干之人和客商服务。如今，人们早已淡忘"双正街"和"御街"的名称，常常称之为"天后宫"。又因天后宫门外有一对高丈许的大石狮子，故此街又被称为"双狮子"。

油房街 古镇上的榨油作坊多集中于此，故得名油房街，街长265米。每家油房占三到四间铺面不等，多为前店后坊经营。人们远远地都能听到工人们劳动时的号子声和榨油时撞击的声音，时而还夹杂着黄牛拉动石碾的滚动声，还能闻到菜籽油或芝麻油的醇香味。20世纪50年代公私合营，这里的油房与后街油房合并，归属粮食部门统一管理。油房街曾一度更名为幸福街，1981年恢复原名。

箱子街 最初是制作、出售箱子的铺子和几家为箱子提供配件的铜匠铺集中于此。19世纪后期洋货充斥中国大地，其时，牛佛从外地运进不少洋纱和洋布，本地农民也开始种植棉花，简阳、资阳等产棉区的棉花经沱江源源不断用木船运来牛佛销售。不少商人认为有利可图也转营棉花、棉纱、棉布。最初只在凉厅子内交易，后逐渐将棉花、棉纱、土布（本地纺织的宽约1.4尺的粗布）市场扩展到箱子街，至20世纪初，花纱店已占据箱子街大半条街。

面房街 据说这里是建镇之初的正街。自牛佛建镇至今址新建场镇，世代居住在此街的人都以做手工面为生，故名面房街。何、曾等姓氏人家的面房就在这条街上代代相传。20世纪50年代，这些面房经过改造在新街成立面粉厂，后厂址迁至后山坡。

兴隆街 街面狭窄，是九街中规模最小且最偏僻的街道。这里除一座张氏宗祠外，余下就是烟馆、纸扎铺。昔时进出此街的，多为来此吸食鸦片烟的"瘾客"和前来买纸钱、纸人、纸马、纸房的求神拜佛者。现在这条街几乎被人遗忘，特别是五花洞巷被半封闭后，连过往行人也逐渐稀少。

河街 因沿河搭建而得名。河街从鱼口市至灯杆坝依次分为上河街、中河街、下河街3段。此街历来除茶馆、酒店外，还有经营丝绸、布匹、洋广百货、土法缫丝等的店铺。时至今日，经营布匹、服装的商店仍很多。1981年河街与大米市街合称"顺河街"。

席子街 这是一条平日幽静，赶场天热闹的小街。旧时每逢三、六、九场期，这里便是经营草席、凉席的交易市场。街面由于狭窄，显得十分拥挤。后来，十几家店铺竟无一出售草席或凉席，统统被典当行业所占据，门前多挂有一块写有一个斗大的镏金"当"字的木牌，以此招徕顾客。

以上为清中叶的九街，其规模相当于现在古镇占地面积的一半。此后，在九街之外又陆续形成了一些新的街道。

镶边场街 由于牛佛水陆交通便利，18世纪中期，来自全国各地尤其是来自东大路沿线的隆昌、荣昌、永川、重庆等地的经商者日渐增多，九街已不能适应发展的需要，遂将由田冲头经面房街后面流入沱江的河沟改道，从宁家柑子园经张家坝至富隆桥上游注入沱江（改道后的河沟被人们称为"后河沟"）。原有河沟经填埋修整为一条明沟，称作

"大阳沟"。从面房街的背后镶出一条街，故名镶边场街。此街建成后，成为全镇最宽、最大、最热闹的正街。店铺多经营洋广百货、中西药材、山货纸张、锅瓢碗碟，印刷铺、书店、苏裱店也多设在这里，凡在当时新潮一点的商品都集中在这条街上出售。街面较之原九街更宽敞，房屋也更为高大。

后街 在通向隆昌方向的场口，逐步建房延伸形成后街。街长250米，建成时间稍晚于镶边场街。因它建在后山坡脚下，是当时离镇中心最远的一条街，故名后街。这里是由自贡至隆昌、重庆等地的必经之道。过去自贡的井盐要运往川东一带销售，必须人担马驮至牛佛后再行转运。因此每天盐担子、驮马队络绎不绝，盐店鳞次栉比。除此之外，还有几家专为盐商、盐贩提供服务的栈房和饭馆。

后街

大米市街 建成于 1780 年前后，原系一个荒坝，赶场天作为粮食交易市场。由于外来人口激增，本地自产大米不能自给自足，遂有隆昌、荣昌等地的粮贩运来大米销售，逐步形成街道。这里的店铺大多为算房，也有几家木匠铺。20 世纪 40 年代初，多家米铺开始用机器打米。在街尾通向仙婆街的街口，有一个穿斗式木结构的数百平方米的"斗行"，其为集日粮食零售之处。

横街 19 世纪中后期，街道继续向张家坝方向扩展。横街是一条从镶边场街横向通往仙婆街的通道，故得此名。街面狭窄，街口两边的房檐几乎相接。20 世纪初，因川军某旅旅长廖刚在横街一侧修建公馆，街面有所改观。横街除有两家染房外，其余均为居民住房。

仙婆街 此街是巫师仙婆聚集之处，整日香烟缭绕。昔日，老百姓生疮害病不去求医，特别是中老年妇女常去找巫婆观花、抹米、照水碗，以求神灵保佑。

新街 这是一条新建尚未定型的街道，有待发展，故得此名。此街其中的一段曾叫马房街，有几间店铺有柱无壁，类似敞棚，专供拴驮运盐、米、炭等物来牛佛的骡马之用。平日拴有骡马上百匹，一到集日更是不计其数。

八仙街 20 世纪 20 年代，上至坎离庙、下至后街口万寿宫围墙的一段街道更名为八仙街。这条街包括坎离庙、禹王宫、万寿宫、贺乐堂。这些庙堂供奉着众多神仙佛像，此街因此而得名。

至此，牛佛镇的大街小巷基本定型。20 世纪 30 年代中期，几条主要街道进行了一次扩建和整修，路面原有的长方形黄浆石板被换成了四方形石板。在街道形成过程中，场镇依大街格局形成了众多的小巷。

天后宫巷、王爷庙巷、坎离庙巷 这三条小巷都是喻家院子的出入通道，因为喻家院子是全镇住户最多的大院，院内还有几条无名小巷。

贺家院巷、田家院巷 这两条小巷相邻，前者为贺家院居民的出入通道，后者为田家院居民的出入通道，院内多数人家有后门通往后山坡。

文家巷 这是一条死胡同，专供住在巷内大杂院的居民出入之用，大杂院四周均被其他房屋包围，无后门可通。

五花洞巷、凉厅子巷、贺乐堂巷、川主庙巷 这四条小巷是连接各大街的通道。

蛋市巷 最初为张家坝方向通往古镇的入口，因以禽蛋交易为主而得名。

胆巴①巷 此巷是面房街、席子街通往沱江岸边的必经之道，此巷因有胆巴售卖而得名。

炭市坝巷 巷口有一个空坝，因长年有来自隆昌方向的煤炭在此出售而得名，后因修建灯杆坝糖果店而封闭。

---

① 胆巴：在井盐生产中，卤水熬盐后剩下的母液称为胆水，其结晶体称为胆巴。胆水或胆巴，是川南一带制作豆花或豆腐常用的凝固剂，能使豆浆中的蛋白质结成凝胶，把水分离出来。用胆水做凝固剂制成的豆花细嫩绵软，制成的豆腐则硬度较大，弹性和韧性较强。胆水对皮肤、黏膜有很强的刺激作用，对中枢神经系统有抑制作用，不可直接食用。人若误服，会感觉恶心、口干、胃痛、腹胀、头晕、头痛、出皮疹等，甚至呕吐、腹泻，严重者出现休克，甚至死亡。

大阳沟巷、大米市巷 　这两条巷是人们下河挑水或洗衣物的出入通道。

力行码头巷 　巷道尽头是专供船只装卸货物的码头。搬运工常歇息于巷口,旧时称搬运为力行,故得此名。

上码头巷 　此巷直通上河坝临时街道到上渡,上渡亦称上码头渡口或肖家坝渡口。

以上就是人们常说的"十八巷"。此外,还有新街通河坝的巷道、仙婆街通大米市的巷道、后街通后河沟的巷道、后街通后山坡的巷道、后街通龚家漏栅的巷道、新街通双朝门的巷道、新街通操场坝(张家坝)的巷道等,它们均不包含在"十八巷"之内。

2 　五省八庙

明末清初,四川地区遭受长达 16 年的战祸,"百里无人烟,民存仅百一,十户九宅空"。康熙、雍正、乾隆三朝大举移民实川,由湖广、江西、福建、广东等省迁入牛佛的移民,为巩固亲情乡谊,加强合作,按各省原籍分别组建同乡会,并修建同乡会馆。清代,牛佛镇有 8 座气势恢宏的会馆庙宇,分别由四川、湖北、广东、江西、福建等省人所建,故称"五省八庙"。其中 4 座为外来入川移民所建的同乡会馆,即湖广会馆禹王宫、广东会馆南华宫、福建会馆天后宫、江西会馆万寿宫。

观音寺 　牛佛观音寺原有两座,一座在河东古镇区内的张家坝社区；一座在河西，叫作观音阁。古镇内的观音寺初建于宋代，占地面积 400 多平方米，有观音、文殊、普贤、如来佛等塑像 30 余尊。昔日寺庙香火旺盛，每年举办 3 次观音会，分别在农历二月十九日、六月十九日、九月十九日举行。"文化大革命"时，两处庙宇均被拆除，佛像被毁。20 世纪 80 年代后，河东、河西两寺合为一庙，在沱江西岸的观音阁旧址重建，后被批准为宗教活动场所，香火盛如从前。2009 年，观音寺被批准为大安区文物保护单位。

观音寺

川主庙 川主庙为清代建筑，系本地绅商募资修建。占地面积 1200 平方米，殿堂宏伟，院坝宽敞，戏台阔大，建筑工艺精湛，超过本镇以前所建各庙。进厅塑二郎神杨戬像，正殿塑李冰像，两侧为李老君堂和崔文圣人堂，庙内神像高五六米，大小神像 24 个。牌坊和墙壁上雕刻小神像数百尊，刻工精细，生动传神。庙内有一铸铁大钟，口径 9 尺，重约 3 吨，高丈余，上铸集资功德人姓名。暮鼓晨钟，撞钟之声数里可闻。每年农历二月初二，庙里举办川主会，唱大戏 10 天，盛况空前。民国时，龚云星曾任首人。

20 世纪 50 年代后，川主庙被用作粮库，"文革"中被彻底摧毁。原址现已改建住宅楼，仅余断垣残壁于其侧。

禹王宫 禹王宫系湖广会馆，又称鄂庙，位于牛佛镇箱子街头，坐西南向东北，占地面积 700 余平方米，建于清康熙十一年（1672）。该庙塑大禹、黄帝和鲁班等神像 36 尊。其中鲁班像为大型木刻，其余为泥塑。这里曾设有湖北帮餐馆，可一次接待百桌客人。民国时期，郭再兴、朱永峰相继为首人。

1958 年，此处设为牛佛人民公社驻地，20 世纪 80 年代后改作民居，庙内文物悉毁。现存正殿部分为木结构，面积 240 平方米，面阔 25 米，进深 13 米，通高 12 米。2009 年，禹王宫被列为大安区文物保护单位。

南华宫 南华宫系广东会馆，又称粤庙。其竣工时间比禹王宫稍晚，山门开在油坊街，占地面积 600 多平方米。该庙全是壁画，主壁画为佛教禅宗创始人六祖惠能大师像，另有八仙等巨幅画像 40 多幅。庙堂可设桌凳做礼堂或课堂，此处也曾办过"洋学"。清光绪三十一年（1905），在南华宫设立"粤省初级小学堂"，即牛佛小学的前身。民国时，钟鸣章、李永章曾任庙首。20 世纪 80 年代末，因修建牛佛沱江公路大桥，南华宫主体被拆除，现残存具有西式建筑风格的门楼部分。

天后宫 天后宫系福建会馆，又称闽庙。该庙建于双正街，南邻南华宫，门前左右各蹲一大型石狮，高丈余，故又称"双狮子"。天后宫占地面积1500平方米，木匠工艺精湛，井字形屋架，正殿有天后娘娘塑像，另有天宫传说神像40余尊。每年正月举办庙会，福建移民在此吃斋集会，至元宵节后方散。民国时，廖丘成曾任庙首。

清咸丰十年（1860）冬，李永和、蓝朝鼎领导的起义军于牛佛建都，号顺天，把天后宫作为其王宫。20世纪50年代后，天后宫被牛佛区粮站用作粮库。20世纪80年代末，因修建牛佛沱江公路大桥，整个建筑被拆除。现残存有当年的一段围墙，在一块块特制的青砖上，大篆体"天后宫"三字依然清晰可辨。

王爷庙　清代由本地船民集资修建，坐落于场镇北边的沱江边，坐北朝南，占地面积1113平方米。该庙与其他王爷庙不同，所塑王爷不是长须老者，而是天真童子，有哪吒等神像30余尊。船民们相信哪吒能够降服龙王，也就能治理水险，确保水上渡运安全。每年农历六月初六举办庙会，所有船员必到庙中祭祀供奉，场面盛大，热闹非凡。民国时，胡子东、金子丹等曾任庙首。该庙对研究牛佛民俗和清代建筑，以及盐运、糖运等均具有重要价值，2009年被列为自贡市重点文物保护单位。

万寿宫　万寿宫系江西会馆，背靠后街，坐东北向西南，清康熙前期由江西客商集资修建，占地面积约1600平方米。山门顶额塑寿星老像，正殿塑无量寿佛像，全庙共有9尊神像。1911年，万寿宫被人纵火烧毁，民国初年，修复为礼堂式庙宇，占地面积缩减，约1000平方米。在中轴线上，大门、厅堂、厢房依次布建，四周则以山墙环绕，前后屋顶共有36

只檐角，三重檐马头墙对称布建于厅堂左右，大门饰有人物木雕和垂花，后门饰有花鸟石刻。庙会一般定于农历十月十八日举行，有时也择期赶会。民国时，钟孝钦曾任首人。

万寿宫

戏台等建筑于 20 世纪 50 年代后期被拆除，现存部分为正殿，2003 年进行过维修，保护较好。万寿宫对研究自贡清代会馆建筑演变和社会经济发展具有一定的参考价值，2009 年被列为自贡市重点文物保护单位，2012 年被列为四川省文物保护单位。

坎离庙　俗称火神庙，位于牛佛镇油房街，清同治十年（1871）七月募众修建，次年五月落成。该庙奇特之处颇多，跨街而建，街南是戏台，街北是殿堂，中宫同时供奉水、火二神，旁龛奉祀前任四川总督骆文忠公、前任邑侯笛云徐公、前任隆昌县邑侯小恬肃公。现正殿已毁，仅存街南戏楼部分。

旧时，坎离庙每年择期举行庙会，会期 3 天。人们设坛祭祷水、火二神，称为打醮。打醮期间，全镇禁屠，居民素食三日，违者处罚。打醮时村民要抬瘟船，由道士逐户检查火源，消除火灾隐患，驱送瘟神，家家户户秉烛焚香迎拜，并备酬金于门口水盆内，由道士逐户收集汇总，用于会上。打醮结束，"瘟船"被抬到河边焚烧，寓意为全镇消灾。

牛佛寺① 亦称牛王庙，建于牛王山临江一侧峻峭的绝壁上，寺内塑有神牛，供奉牛王菩萨、释迦牟尼、观音菩萨、药王菩萨、燃灯佛、阿弥陀佛等。因有神牛拯救众生并坐化成佛的传说，旧时牛佛渡在每年农历十月初一牛王菩萨生日之时，都要举办牛王会，举行隆重的祭祀活动。原寺圮废，现存庙宇为 20 世纪 90 年代初由胡姓老妈等人募资协力复建，1996 年移交牛佛镇政府管理。

3　府第宗祠

民谣所说的"五省八庙"，是指清代的场镇景象。随着古镇的不断扩展，在八庙之外又陆续建起了更多的宏伟建筑。

益兴灏 清代牛佛盛产甘蔗，蔗糖产量颇丰。邑人张笑山，号益兴，中宪大夫，为益兴灏创始人，是清末牛佛糖商中的杰出代表人物。张益兴早年家境寒素，以农耕商贩为生，后渐事酿酒、制糖等业。张益兴眼光独到，胆识过人。在因匪乱而致牛佛地区所产蔗糖滞销时，其将方圆数十里漏棚所产的蔗糖悉数收储，为

---

① 牛佛寺不在民谣所指的"五省八庙"之列。

各糖坊业主解了燃眉之急。后来糖道畅通，糖价倍增，张益兴大获其利，遂于同治末年建益兴灏于张家坝。1916年张益兴逝世，富顺名流卢庆家为其撰写诔文，大赞其功绩。20世纪50年代后，益兴灏曾作为富顺县第三区（牛佛区）政府驻地，也曾是富顺县初一中学生宿舍，2009年被列为大安区文物保护单位。

中和灏 清光绪元年（1875）建，坐东北向西南，四合院布局，由山门、正殿、左右厢房组成，占地面积1200平方米，正殿面阔12米，进深7.2米，通高6米。整体建筑结构为砖木结构，小青瓦屋面。主体建筑由门厅、过厅、正堂组成，为单檐硬山抬梁式砖木结构，屋脊、泥塑、木雕、石刻保存完好。中和灏祠堂对研究自贡清代民居建筑具有一定的参考价值。左右厢房现为居民住房，保存完好。中和灏祠堂于2003年被列为富顺县文物保护单位，2009年被列为自贡市重点文物保护单位，2012年被列为四川省文物保护单位。

中和灏俯瞰

贺乐堂　位于牛佛镇后街，整座建筑坐东南朝西北，始建于清代，1921 年进行修葺，门楼仿西洋风格而建。贺乐堂平面布局为四合院，由正殿、戏楼、厢房组成，占地面积1050 平方米。正殿为砖木结构，面阔 11.7 米，进深 7.2米，通高 11 米。戏楼也为砖木结构，面阔 17.8 米，进深6.8 米，通高 8 米。右厢房为木结构，面阔 7 米，进深 3.85米，通高 6 米，保存完好。屋顶共有 44 只檐角，四周墙体均饰有石刻。

贺乐堂

民国时，川军某旅旅长廖刚退役后回到牛佛，为促进商贸发展，遂联系中国银行，于 1931 年在贺乐堂设立牛佛渡中国银行，这是富顺县的首家现代银行机构。此后不久，在廖刚的极力撮合下，富顺糖市正式迁到牛佛镇。贺乐堂对研究自贡清代建筑、自贡地区糖坊业的发展，具有重要的参考价值。贺乐堂在 2009 年被列为自贡市重点文物保护单位，2012 年被列为四川省文物保护单位。

廖公馆 位于横街，系民国时川军某旅旅长廖刚退役回牛佛后新建的一处寓所，修建于 1931 年，建筑面积 5194 平方米。建筑结构为砖木结构，小青瓦屋面，四合院布局，穿斗抬梁式构架。20 世纪 50 年代后，廖公馆曾作为牛佛区公所驻地，现改作民居。院内数株参天银杏已被作为古树名木挂牌保护。廖公馆对研究自贡近现代庄园式建筑具有重要价值，2009 年被列为大安区文物保护单位。

廖氏庄园 位于圣果寺侧（今农科村），为民国初年富顺县最大的庄园之一。庙堂宏伟，果树林立。庄园中有廖氏祠堂，1940 年曾开办建文中学，后为纪念已故国民党元老谢持（字慧生）而更名慧生中学，20 世纪 50 年代初迁至张家坝，现名牛佛中学。

卢氏宗祠 坐落于距场镇 7 公里处的烟墩坝中央，前邻沱江河，后倚青枫山，对岸乱石沟，西傍神井溪。据《卢氏族谱》记载，宗祠建于乾隆戊戌年（1778），制图雇匠至合江，购木就地按图加工，后船载以还直接搭建。宗祠是一个三重堂格局的大四合院，中间大堂气势恢宏，下厅宽敞明亮，均系九柱落地的木架结构，两边有厢房、耳房，还有厨房、厕所、花台、天井。宗祠占地面积 3000 平方米，垣墙围地 5000 平方米，配有常青大柏树数百株及牌坊式的双财门。该宗祠为研究清代建筑和川南宗祠文化提供了实物佐证，极具文物价值，

2009 年被列为大安区文物保护单位。2013 年岁末，卢氏族人筹资对宗祠进行修复。下附宗祠楹联。①

卢氏宗祠

> 闽海祥瑞，祖根广散，先辈遗风有承者；
> 巴山宝华，宗德远播，后世流芳无绝期。
>
> （槽门楹联）

> 沱江发自五源，绕东巴经西蜀，正本源乃知绵远；
> 卢氏共承一脉，居北地处南天，连血脉当然宗亲。
>
> （卢氏宗祠联）

> 自彼龙岩跋涉八千里，奉祖灵携经籍，
> 耕读传家，辈出斯文贤嗣；
> 于兹烟墩繁衍十代孙，立宗祠诲义理，
> 诗书继世，钦承范阳遗风。
>
> （范阳堂联）

---

① 下附宗祠楹联皆为巴骄所撰。

忠厚人家，父慈子孝，尝抱敦庞之朴；

书香门第，裕后光前，当馈睦邻以德。

（敦睦堂联）

食其力者，无论士农工商，承祖德可为世表；

灼乎华也，不分诗书艺技，循正道即是楷模。

（名人堂联）

张氏宗祠　位于面房街，为青石八字槽门。槽门颇为讲究，高丈许，宽约 8 尺。大门及门框为木质，门顶横梁的枕梁有浮雕，两侧为彩绘图案，各不相同。进入槽门是一个天井，两侧是厢房。黛瓦青砖，硬山高帽，塑鳌起角，宏阔清秀，颇具川南民居韵味，有较高的历史和艺术价值。2009 年，张氏宗祠被列为大安区文物保护单位。

李氏宗祠　位于田冲头，占地数亩。高大的黄浆石八字槽门气势恢宏，其上有"西平世胄"字样。民国初年，此处曾开办李氏先广祠小学。1942 年 8 月 18 日，富顺县政府发布训令，牛佛镇设立食糖专卖局，专卖局机关即设立于此。1951 年年初，牛佛中学的前身"私立慧生初级中学堂"更名为"私立建群初级中学校"，曾迁至此处开课一个学期。

吊脚楼　位于田冲头，背靠马儿山，初建时跨于半亩荷塘之上，房屋柱脚悬空，故称吊脚楼。民国中后期，此处集中救助容留无家可归的流浪者，故又被称作叫花营。吊脚楼现改作民居，周围的园林池塘等也早已不复存在。

吊脚楼

刘氏宗祠 背靠后山坡，坐东向西，侧有小巷通往油房街和后山坡。宗祠保存尚好，现为居民住宅。

4 七栅子

访览了五省八庙，我们再去追寻民谣中所说的"七栅子"昔时情形。

19世纪初，为防匪盗，古镇在各要道出入口设置了七道栅子。栅子分别建在通往隆昌的后街口、通往富顺的蛋市巷口、通往内江的猪市街口、通往沱江岸边的炭市坝巷、胆巴巷、力行码头巷以及仙婆街至横街口。每日天亮时分栅门开启，晚上二更后关闭。在重要栅子口上还建有小阁楼，供巡夜人和更夫用作哨楼。

刘氏宗祠

19世纪中叶，洋枪大炮被不断输入中国，四川腹地也出现了新式武器，栅子逐渐失去防卫作用。后来，就在后山坡的制高点修建起一座碉楼，取代原先的栅子。碉楼由团丁、乡勇守卫。在碉楼上可俯瞰全镇，亦可控制沱江和各条要道。

5 河北老街

民谣中所说的"河北老街",是指古镇对岸以渡船码头为起点,沿着通往自流井方向的东大路而建起的街道。此街在17世纪初期就已形成规模,20世纪80年代末,由于修建牛佛沱江公路大桥时被拆除,现已难觅昔日痕迹。

三　灵秀山水　人文胜景

　　牛佛古镇依山傍水，风光旖旎，人文荟萃。丘陵绵延起伏，平坝阡陌纵横，江河逶迤婀娜，塘堰星罗棋布。奇山秀水，人杰地灵，山、河、塘、坝、林、泉、洞构成了一幅幅美丽画卷，留下了一处处人文古迹。

耸峙江岸的牛王山

清道光七年（1827）宋廷桢修《富顺县志》，卷三十五《古迹志》开篇有这样一段文字："山川不改，今昔殊异。昔也亭台，今也荆棘。摩挲古迹，用触遐思。断碣残碑，摩崖镌字。金石所存，芳躅犹记。考古怀远，使人心醉"。接下来，我们就一起去踏赏山川秀色，寻访古迹遗存，透过沙沙的风声和叮咚的流泉，倾听那些跨越时空的古老故事。

1 灵山起伏

《易·坎》："《象》曰：天险，不可升也；地险，山川丘陵也。"镇域属于川南丘陵地貌，多连绵起伏的低矮山丘。由于濒临沱江，牛佛也有一些较为陡峭险峻的山。

牛王山 位于沱江右岸，地跨大桥、金星等村，海拔346.6 米。逆流耸峙，势颇雄杰，逼临江水，宛若牛形，相传为拯救众生的神牛坐化而成。清咸丰年间，李蓝起义军聚集牛佛渡，筑寨于山顶，驻扎 6 个多月。山侧有立石如笋，高丈余，又有道士洞虚悬岩边，深邃不可测。山腰的牛王庙，红墙碧瓦，飞檐翘角，夺人眼目。登临庙中，古镇风貌尽收眼底。有云：览古镇风貌，思岁月沧桑，发百世感慨；睹沱江逶迤，品山川秀色，铸天地襟怀。庙侧绝壁上镌刻有清人范君佛所书"南无阿弥陀佛" 6 个擘窠大字。

金子山 清《富顺县志》云：距县 60 里，巍峨绵亘，至江边忽一峰耸立，峭壁苍翠，日光映射如金，山腰刻"江风山月"四个大字，明邑进士金勿题。清光绪《富顺县乡土志》云："金子山在下北，牛佛渡对河下三里，俯临江岸，形如金字，故名。其山腰石壁有邑进士金勿题'江风山月'四字。"

龙爪山　清《富顺县志》云：山耸拔而多足，邑东诸山相传多于此发脉。山上建有龙爪寺。

罐山　位于沱江右岸，于旷野中一峰兀立，民间传说罐山是从峨眉山飞来。

豸石山　近牛佛渡，踞沱江边，状如獬豸。獬豸，是古代传说中的一种异兽，能辨是非曲直，见人争斗，就用头上利角冲顶邪恶之人。

鹅公山　位于藕塘村十组。传说从前有一个石匠在此开山采石，石破岩开，露出了一对漂亮的白鹅，故得此名。

鸡冠岩　位于红旗村三组，山形如鸡冠。传说此山原无蚊，后鸡冠被毁，蚊子复出。

杀牛山　位于红旗村二组。传说从前不能随意宰牛，须于此山祭祀之后，方可宰杀。

仙米山　位于张寺村六组，山中有白善泥，俗称仙米或观音土。大灾之年，饥民用白善泥充饥。据史料记载，民国25年（丙子年，1936）、26年（丁丑年，1937）连续两年大灾，俗称"丙子干丁丑"。丙子年七月末至八月初，沱江水位暴涨10丈，牛佛镇沿江两岸皆成泽国，将熟之稻悉无收成。至丁丑年，半年不雨，赤野连阡，田土龟裂，盖藏早罄，民食维艰，饥民以野菜、树皮、白善泥等充饥。其时，四面八方的灾民都来此掘泥充饥，食后因肠结腹胀而致死者无数。1960 年前后，仙米山又被饥民挖出若干个两三米深的大坑。

碉楼山 位于张寺村一组，清末建有碉楼，为防范匪贼，保护牛佛古镇发挥过重要作用，今废。

马儿山 山形如马，与牛王山隔江遥相呼应。

肋角山 又名虎山，位于佛岩村二组。半山腰有岩洞，即佛岩洞。

艄公山 临沱江，山上原有清代修建庙宇，名艄公庙，今废。

葛仙山 距牛佛古镇 5 公里，民间称作"大脚仙"，相传为葛洪炼丹处，故名葛仙山。以与内江小葛山对峙，又别名大葛，历史上曾是颇具盛名的禅林圣地。《富顺县志》载：葛仙山发脉于隆昌之天峰诸山，蜿蜒入县境。东岳坝少折而西，顿起诸峰，峥嵘磅礴，如狻猊蹲踞，昂首而赴于江。江为之曲，绕其三面，四围峭壁削立，几于无径可跻登。其上，则旷土平田，豁然开朗，峰顶有泉，泠泠出石间。古干虬枝，嘉花翠条，履綦所至，令人心目俱清。石壁刻"葛仙山"三字，颇似宋人书法或云唐刻字，字径三尺许，深两三寸。山上有葛仙寺，一名崇果寺，宋淳熙甲辰年（1184）建。明代邑人礼部尚书李长春致政归，以其寺旷窅、崖壁峻立，常咏游寺中。明四川布政使修撰李维桢题"龙门行"匾额，内江何起鸣题"第一名山"，李长春有记，宋明题刻甚多。

2 秀水蜿蜒

镇域内除沱江干流外，另有 7 条溪流直接注入沱江。清
《富顺县志》载："（沱江）折南，迳车家岭、牛王山至牛佛
渡，为富顺沿江三大镇之一。右岸，受双龙桥之水。双龙桥两
水，一发源长山岭，一发源何家场之茨芭坳。至双龙桥合流，
经新桥、萧家桥至牛佛渡对岸入沱江。迤而东南，三岔河自左
来注之。三岔河两水，皆发源隆昌县地，入境合流。经牛佛渡
之罗家桥，至富隆桥入沱江。又西南，经鲤鱼石，左受陈家桥
水，右受大溪沟水。大溪沟两水，一发源新店铺境内，东南
流；一发源瓦宅铺境内，西北流，合大溪沟，至王大山上游入
沱江。"

沱江 沱江古名雒水、金川、中水、内江、内水，是长江
在四川省境内的四大支流之一。富顺县城在北周时设雒原郡，
即以雒水命名。沱江发源于四川盆地西北边缘九顶山南麓，上
源名绵远河、石亭江、湔江。都江堰引岷江水系的青白江、柏
条河、毗河汇入沱江而使之成为一条双生河流。金堂县境以下
河流始称沱江。

《尚书·禹贡》："岷山导江，东别为沱。"《诗·召南》：
"江有沱。"《尔雅·释水》："水自江出为沱，自汉出为潜"。
陆深云："江别流而复合者皆曰沱。"《说文解字》："沱水，江
别流也，出岷山，东别为沱。"《水经注》："江水又东别为
沱。"这些记载都说明古代沱江即为名川之一。宋代刘望之有

《沱江》诗：尚胜三年谪，终惭万里驯。极知行路涩，可忍在家贫。岁晚沱江绿，云深锦树新。相思肯如月，夜夜只随人。

沱江河道牛佛段，由北部入镇境，起于月亮岩，曲折向南，止于沙溪，流经镇域18个村和2个社区，长达19.6公里，涉及全镇60%的地域。沱江在境内平均宽度为100多米，最窄处为40米左右，水深处为12米左右，水浅处为5米左右，过境水量达95亿立方米。沱江河床为卵石、砂型土结构，每年11月至次年4月为枯水期，7月至9月为洪水期。

沱江流域淡水鱼品种丰富，但自20世纪80年代以来上游水质污染，致使境内河段著名的江团（长吻鮠）、青鲅（中华倒刺）、退鳅（铜鱼）等大幅减少，濒于灭绝。

三岔河　因上游有三源，分别为隆昌县斧光乡、黄家场和复兴乡，故得此名；在本境又称富隆溪。三岔河从张寺村七组、八组入境，汇入龙骨山溪水，于富隆桥入沱江，全长26.7公里，在镇域内长为4.7公里。

陈家桥河　源出回龙镇北部新光村，经回龙镇庆华村和牛佛镇双河村陈家桥注入沱江。此河是牛佛镇与回龙镇的界河，全长5.6公里。

黑狗溪　源出沱湾乡北，由范渡注入沱江，长1.4公里。

晏家溪　源出永嘉乡石庙子水库，由沱湾乡北入境，在青年村晏家坝注入沱江，全长5.6公里，镇域内长3.3公里。

肖家溪　源出永嘉乡老糖房，流经牛佛镇大义村、权利村、贯山村、农科村，在许家桥下注入沱江，全长3公里。

双龙桥河　源出牛佛镇双龙桥水库，流经藕塘村、群星村、佛岩村、大桥村，在沱湾乡场口注入沱江，全长 7.4 公里，镇域内长 6.7 公里。

大溪沟 一源出大安区新店乡，一源出沿滩区瓦市乡，在双河口汇合后，流经牛佛镇竹林村、罗井村、烟墩村注入沱江，全长 7.4 公里，镇域内长 6.7 公里。

3 古道津梁

古道

明清时期，以县治（富顺县城）为中心，富顺已有 8 条石板大路，连接城乡，通州达府，成为递送公文函件之驿道。其中，经由牛佛渡的有上东路和上北路。

上东路 由富顺县城至牛佛渡（东岸）。从富顺县城东门出城，溯江而上，至黄泥滩渡江，至狮子场，约 20 里（在此分路，一至骑龙场，20 里；一至黑石场，30 里；一至高石坎，20 里）；由狮子场东上，过邓平桥、立石岩至回龙场，约 20 里（在此分路，一至骑龙场，30 里；一至黑石场，20 里；一至矮店子，20 里）；由回龙场东北过会家坡、官木崖，至牛佛渡，约 30 里，东连隆昌之黄家场，西面濉水（沱江）；由牛佛渡北上，经车家岭、打铁坳抵庙坝场，约 30 里；庙坝场左至九块石，接内江界，右至猫儿山，接隆昌界。上东路自富顺县城起至内隆两邑界首，共 110 里。

上北路 由富顺县城至牛佛渡河北码头（西岸）。由富顺县城北门出城，过川主庙、李子湾，至古佛坎，约 20 里；古佛坎北上刘家岩、檬子坳，至瓦宅铺，约20里（在此分路，一至牛佛渡河北码头，30余里；一至仙滩，20里；一至沿滩）；由瓦宅铺往北，过杨家寺至新店铺，约10里（在此分路，一经由郭家寺、金山寺至牛佛渡河北码头，20里；一至仙滩，20里；一至倒岩凼，20里）；由新店铺北，过双桥子至何家场，约10里（在此分路，一经由糍粑坳、江家坝至牛佛渡河北码头，20里；一至仙滩，30里；一至大山铺，30里）；由何家场北上黑铅滩、红灯洞、三官堂至三多寨，约30里（在此分路，一至大山铺，20里；一至毗庐寺，10里）；三多寨左至木瓜场，10余里，接威远界，右至凌家场，10余里，接内江界。上北路自富顺县城起至内威两邑界首，共110里。

东大路　西起自流井，经大山铺、何家场，至牛佛渡，全程90里，为清代盐担子必经之路。在清代以前，井盐外销主要靠釜溪河航运；清康熙、乾隆年间，随着盐业生产的发展，又开辟出东大路这条运盐路线。

牛佛渡位于沱江河畔，地处东大路的东大门，物产丰饶，米粮盈市。大山铺位于自流井近郊，毗邻凉高山、大坟堡，井灶多，盐工集中，所需的粮食物资则全靠外地输入。来自荣昌、隆昌和川东一带的"盐担子"，以及本地农户充当起了贩运的挑夫，他们从牛佛市场或买大米，或购其他物资，成群结队地挑到大山铺，总是销售一空，所以便有了"扯不空的牛儿渡，填不饱的大山铺"之说。

最初，东大路只是田塍土埂，羊肠小道，每逢刮风下雨，行走艰难。后来，地方士绅募资筹款，从黄坡岭等地运回黄浆石、青砂石，把牛佛渡经何家场到大山铺的路段铺成了一条全长70里的石板路。这不仅有利于肩挑背驮，也便于牛驮马载和鸡公车（木制单轮小推车）行走。20世纪50年代后，东大路建成"井（自流井）牛（牛佛渡）公路"，汽车运输逐步取代了人挑马驮。

古桥

连接乡村驿道、便道的桥梁，多以石材构筑。明清两代石桥尤盛，且造型各异。这些石桥历经沧桑，虽多残颓，亦有保存较好，仍在发挥功用者。

双石桥 清乾隆《富顺县志》："在县北七十里，宋时建，以三大石架成，坚固历久，如铸不毁。"

富隆桥 古石拱桥，初建年代不详。清道光《富顺县志》有载。宋育仁纂《富顺县志》："桥圮废已久。近，里人张燮成等募金倡建。工巨费繁，耗资至巨万。高坚壮阔，为邑东桥梁所未有。"据考，张燮成等修复年代约在1911年前后，修复后，桥高20米、宽8米，是当时富顺县东部最大的石拱桥。现富隆桥仍可通行载重车辆。

大桥 石拱桥，位于牛佛渡西岸，跨于双龙桥河之上，邻近双龙桥河与沱江的交汇处。此桥于明洪武年间初建，清代曾进行过修葺，系牛佛渡码头通往自流井方向的东大路的起点。桥有三拱，上有石刻花鸟等，至今仍在使用中，可通行车辆。大桥村以此得名。

新桥 位于藕塘村七组，建于清代，传说此桥刚修好时，有新娘子花轿通过，故得此名。

黄龙桥 位于佛岩村二组，古石桥。

大桥

马儿桥　位于群光村三组。据传，此桥竣工时，曾有一白鼠跑过桥面，故得名"耗子桥"。因名不雅，后美其名曰"马儿桥"。

上桥　位于竹林村九组，明时建。相传明代，本地有户鸿姓人家，为求升官发财，找来阴阳先生看风水，并对阴阳先生说："如果你让鸿家兴旺发达，鸿家与你共享荣华。"这位阴阳先生非常了得，指点鸿家修成了上桥和上、下两堰。鸿家果然从此发达，可是阴阳先生却瞎了双眼。鸿家见阴阳先生眼瞎便食言，并将他囚于磨坊中。后来，阴阳先生的徒弟路过此地，看到师父的惨状，决意报复鸿家。由于此时鸿家已财大势大，硬拼无异于鸡蛋碰石头，唯有智取。于是，徒弟心生一计，向鸿家人说："若要子孙富贵荣华，还得另修一塔。"鸿家自然乐意子子孙孙出人头地，于是欣然应允。徒弟选定塔址，自然是美言一番，让鸿家听得乐不可支。这塔建在哪里呢？就在不远处的山头上，从塔的位置连线上桥则正对鸿家宅院。塔成，徒弟念咒语："桥是弯弓塔是箭，箭箭射中鸿家院。"从此，鸿家就衰败破落了。

黄泥墩桥 位于红旗村八组，原为古盐道平桥，1958 年改建为公路桥。其不远处，有古井 1 口，深 1 米多，水源不绝。

玉龙桥 位于魏家寨下的双龙桥河上，清代修筑。桥以 4 块巨石架成，每块石头重约 2 吨。

杨家溪桥 位于星光村四组杨家溪上，现存，为明代所建一洞拱桥。

乐善桥 位于大义村四组，桥名乐善，本为褒扬修桥铺路公益之举，俗讹作"落扇桥"。

倒桥 位于距大溪沟 200 米处，据说是民国时期，此地涨大水，蛟龙出江时拖来的，故得此名。

码头

牛佛古镇历来商贸繁荣，水运发达。除用于横渡沱江的义渡码头外，场镇江岸还设有专供沱江航运船舶停靠的上、下两个码头，并与北大街码头隔河相对。过去，往来货物有糖、盐、炭、粮、油、酒及日用杂货。随着成渝铁路的修通和公路交通的发展，码头日渐衰落。

义渡码头 在牛王山下大石包下段，今废。

鱼市口码头 即上码头，属阶梯潜水式结构。上码头为客货混用的综合性码头，装卸吞吐量极大。

玉壶春码头 即下码头，为货物装卸码头，通道相对较为狭窄，亦为阶梯潜水式结构，1968 年曾安装绞车。

赶场天的牛佛渡口（罗蜀江摄于 1982 年）

4 碑刻造像

牛王山摩崖石刻　在牛王山濒临沱江的险要绝壁上，镌刻着隔江可睹的擘窠大字"南无阿弥陀佛"。此系清光绪乙酉年（1885）秋，川南名士范君佛所书。范君佛系清末富顺县新店人，工书法，善题咏。牛王山摩崖石刻，每字约 1.6 米见方，字迹饱满，笔力圆润，遒劲有力，是范君佛诸多题刻中的上乘之作，2009 年被列为大安区文物保护单位。

大岩洞石碑　位于牛佛镇沱湾之北 500 米处，刻于清乾隆二十九年（1764）。石碑呈长方形仿古结构，两柱一开间，高 1.6 米，宽 0.98 米。至 20 世纪 80 年代石碑尚保存完好，可惜现已无存。洞侧石壁上有"金氏祀田记"，刻于清乾隆二十九年甲申岁二月廿一日，至今完好无损。

雷公岩摩崖造像　位于牛佛镇王大山烟墩村南 200 米处，为明代造像。此摩崖造像分布在长 10 米、宽 3.3 米的岩崖上，

牛王山摩崖石刻（局部）

距地表1.5米，共一龛，造像6尊。从左至右编号为1~6号。1号像高0.95米、宽0.3米，2号像高0.98米、宽0.28米，3号像高1.34米、宽0.3米，4号像高1米、宽0.3米，5号像高1米、宽0.29米，6号像高0.84米、宽0.28米。造像有玉皇大帝、药王菩萨、雷公、雷母等。雷公岩摩崖造像保存较好，2009年被列为大安区文物保护单位。

高码头摩崖石刻 位于前锋村三组，小地名为十二梯。林木葱郁，石壁陡峭，绝壁上刻有"空谷跫音"4个巨型篆字。由于石壁无法攀援靠近，故不知是否有款识。

金子山摩崖石刻 山腰刻"江风山月"4个大字，为明代进士金勿所题。

响水洞摩崖石刻 响岩在薄刀岭下，江水涨时灌入岩口，声震若雷。石壁上刻"响岩"二字，为里人温州府知府廖修

雷公岩摩崖造像

明所书。

双河村东汉崖墓群　建于东汉时期，位于牛佛镇双河村西南 3 公里处。崖墓 2 座，南北长 110 米、宽 10 米，距地面 3 米，墓室坐东向西。分布于双河村四组半山腰上。1 号墓室进深 6.1 米，宽 3 米，高 1.8 米；2 号墓室进深 7.5 米，宽 3 米，高 1.8 米。两墓室左右壁均刻有立体石床、石柱、石鼓，保存完好。20世纪80年代中期，墓室因村民开采石材而被发现，随葬品被损毁。

双河村东汉崖墓群墓室之一

沱湾宋墓　位于牛佛镇西沱湾处，于1985年10月被发现。该墓坐西向东，由墓道和大小相同的8个墓室、壁龛组成。墓室门上刻凤触莲花、人物执鹿、荷叶、三鱼合吻等浅浮雕图案。木棺为仰身直肢葬。该墓还出土了釉陶罐、青瓦和铁钉等。

明代四和尚合葬墓　2007年10月25日，明代四和尚合葬墓在牛佛镇青年村（小地名为帽壳山）被发现。据推断，此墓应为灵应寺和尚墓葬。

墓室装饰考究、雕刻精美。墓室占地面积13.3平方米，高2.2米，全部石材砌成，为四连棺穹隆顶结构。现场挖掘时，墓门紧锁，保存完好，没有发现陪葬物。室门上的名字清晰可见，从右至左分别是正椿佳城、惠嫦和尚佳城、万历丙申健正柏佳城、正权佳城。墓内棺木虽高度腐烂，但四棺尸骨仍保存完整。

该合葬墓的形制较为罕见，在历史、艺术、葬俗、宗教等方面具有较高的考古价值，特别是对研究明代的宗教及习俗有着重大意义。

明代四和尚合葬墓之墓门

章氏墓　明代墓，位于牛佛镇永新会家村正西2公里处，土冢墓，占地面积约30平方米。墓长7米，宽4米，高1.5米。墓碑高1.2米，宽1米，厚0.15米。题记："皇明诰赠章公……""卯山西向，祖茔山脉远，虎啸风生动，凤毛钟口地，世代超群类"。现保存完好。

卢东乾墓　位于烟墩村七组境内的柏林山，俗称"白鹤坟"，墓主卢东乾系牛佛卢氏入川始祖。该墓为土冢墓，坐西向东，占地面积约 90 平方米。墓长 10 米，宽 7 米，高 1.7 米。墓碑长方形，高 1.84 米，宽 0.99 米，厚 0.14 米，题记："清故卢公东乾老大人墓"，"乾隆三十九年葬，道光七年重立"。现保存完好。

5 古迹觅踪

依据《富顺县志》等可考的文献史料，古镇历史上曾有许多的宏伟建筑。虽然其中有些建筑实体已不存，但它们的名字却化为与日常生活息息相关的地名而留存于人们的记忆中，流传于世代相传的故事中。

圣果寺 明景泰二年（1451），张国献、李政建。梁间有铁丝灯笼燃火，当风不息，寺侧黄颠一株，大十余围。明尚书李长春留有七绝一首。该寺存正殿、后殿，坐南向北，占地面积 450 平方米。正殿为木结构，面阔 15.6 米，进深 13 米，通高 12 米。后殿亦为木结构，面阔 16 米，进深 13 米，通高 12 米。20 世纪 50 年代这里曾作为新胜乡驻地，现寺已毁无存，改建为沱湾小学。

灵应寺 位于青年村四组黄桷儿山上。宋英宗年间建，乾隆十二年（1747）僧禧亮重修。梁间有铁丝灯笼，相传与圣果寺的铁丝灯笼为一对。1952 年，寺中所塑菩萨像被毁。

大义庵 靠近月亮岩。位于今牛佛镇权利村。

宴家寺 位于青年村，于明崇祯三年（1630）建，康熙三十四年（1695），僧豁然重建。庙前山幽水秀。

金山寺 位于群力村一组，乾隆《富顺县志》：金山寺在县北60里，明景泰年间（1450～1456），里人金珠建。后人因肖像建祠于右，咸丰庚申年（1860）滇逆之乱使之化为灰烬。至壬戌（1862）岁贡，金光成修复原祠，并塑金珠像。其于“文革”中被毁。

永兴寺 原永兴公社因永兴寺而得名。今废。

福惠寺 近月亮岩，已毁。

沱湾寺 清康熙四十一年（1702）僧福智补修，乾隆十二年（1747）重修。原沱湾公社因沱湾寺而得名。

灯房禅寺 位于前锋村壬子山顶。登临于此，可俯瞰环绕烟墩坝的沱江。2008年，灯房禅寺旧址发现了镌刻于清咸丰四年（1854）的《增修壬子山灯房禅寺》碑。其中有云：“是山之有灯房也，始于乾隆，继于嘉庆、道光中。先辈甃砌演戏石台，重施丹黻，此固足以壮大观也。然迄今数十余载，构落材亡，暗淡无色。若居是乡者不继起而图之，卒令前人创始之功因之坐废，其毋乃非守成也乎？”于是，乡人筹资修葺并进一步扩建了灯房禅寺。

据说在20世纪50年代之前，寺前立有数丈高的灯杆，彻夜灯火通明，沱江对岸极远处皆可观赏。通明的灯杆既是在为乡里祈福，也是作为指引江中往来船只的航标灯而存在。乡间对此有“白日千人拱手，黑夜万盏明灯”之说。

灯房禅寺毁于20世纪50年代末的“大跃进”时期。如今，灯杆早已不复存在，唯遗址有数方残存的石碑。碑上镌刻的文字记录着昔日的辉煌，也见证着岁月的沧桑。

灯房禅寺前风化的石碑

佛岩洞　位于肋角山，分上、下两洞，上小下大，上洞中供有佛像，故得此名。

大岩洞　位于牛王山北侧，绝壁之上终年有清泉浸出，叮咚有声。前临溪涧，周有苍松翠竹，相映成趣。洞外原有宋代石碑，可惜20世纪80年代后被损毁。清代"金氏祀田记"之碑，因镌刻于洞侧石壁上，得以幸存。

静一洞 清《富顺县志》云：在牛佛渡下游，对水有字。

道士洞 清《富顺县志》云：（牛王）山侧有立石如笋，高约丈余。又有道士洞虚悬岩边，深邃不可测。

6 民间传说

牛佛渡 很久以前，在川南的沱江边有这样一个地方，河水清澈，山花烂漫。人们在这里或放舟撒网，摇桨荡歌；或耕耘田园，春种秋收。他们日出而作，日落而息，世代繁衍生息，安宁而祥和。

在一个昏暗的傍晚，一场灭顶之灾悄悄地向村落中的人们袭来。天空乌云翻滚，雷声隆隆，大地震颤，大雨倾盆而至。眼见沱江洪水一浪高过一浪，席卷着田园和房舍，人们拼命地在滔天洪水中挣扎。突然，一头老水牛顺水漂来，游向惊慌失措的人们。老水牛一趟又一趟地把困在水中的人驮到高处。当众人获救后，老水牛却累得精疲力竭，趴在岸边不能动弹。天色微明，洪水退去。沱江岸边，在老水牛卧倒的地方，形成了一座牛形的山峦。人们相信老水牛是神牛，已经坐化成佛，便把这座山称作牛王山，把山下的渡口称作牛佛渡，寓意神牛坐化成佛普度众生。

小村落恢复安宁后，方圆数十里、上百里的人们，纷纷前来焚香祭祀。越来越多的人迁徙到这里居住，以求佛祖保佑。小村落越来越兴盛，逐渐发展成为场镇。镇上新建的房屋鳞次栉比，逐渐形成九街十八巷的规模，成为沱江下游最大的水陆码头和商贸重镇。

鸭儿凼 从前，贺乐堂巷与面房街的交汇处有一个天然水池，池水清澈，终年不涸。相传有一对雌雄金鸭，双双游栖于池中，人来不惊，悠然自得。一天，一个过路人看到金鸭，顿起贪念，欲窃金鸭为己有，于是设计捕捉。金鸭受惊，腾空而起，金光闪闪，幻化于云霄，从此再也没有回到这里来。后来，鸭儿凼渐被新修的建筑包围，池水也开始变得浑浊，并慢慢枯竭。再到后来，鸭儿凼被当作倾倒垃圾的地方，最终被填成平地。至今，人们提到牛佛，就会想到"九街十八巷，中间有个鸭儿凼"的民谣，而鸭儿凼只能存在于美丽的传说中了。

月亮岩 位于贯山村四组，沱江右岸。此处险峻陡峭，鹰猿见愁。清《富顺县志》云："岩距牛佛渡约十里，有石浑圆如月。"传说很久以前，有一个晶莹剔透的巨型白玉盘镶嵌在岩壁上，如同天上的圆月，银光泛泛，熠熠生辉。夜行船只，视若航灯。有一年，沱江发大水，一条小船顺水漂到岩前，船夫见此宝物，惊异之余，顿起贪念，就用手中的竹篙去掇白玉盘。突然，只见银光一闪，晃得船夫的眼睛什么也看不见了。等他睁开眼再看时，"月亮"不见了，悬崖上只留下圆圆的月痕。

响岩 在薄刀岭下，江水涨时灌入岩口，声震若雷，数里可闻。石壁上有清时里人温州府知府廖修明所书"响岩"二字。

廖修明为什么要在这里题书呢？说起来还有一段传奇故

事。相传廖修明进京赴考，成绩优异，夺得文魁。接下来，就由主考官亲试。因这位主考官曾到过牛佛古镇，对那里的山川风物情有独钟，遂问廖："汝知响岩否？"廖沉思良久，无言以对。考官不悦，道："一方水土养一方人，得山水之养，则当怀感戴之心。汝不知响岩之所在，那就等你找到后再来吧！"

就这样，廖修明名落孙山。回到乡里，他垂头丧气，逢人便问响岩在哪里。有人指点他："你家对岸不是响岩吗？"廖修明恍然大悟，慨然曰："吾只知诗书，而不明故里！"从此，廖修明愈加发奋，但不再是死读书，读死书了，开始更多地留意山水，关心民瘼。为不忘落榜之憾，廖修明便书"响岩"二字于斯，以自励。后来，廖修明做了温州府知府，深受当地百姓的拥戴。

龙爪寺 龙爪寺，亦名龙山寺，坐落在牛佛镇会家坡，位于富庙公路右翼。关于龙爪寺的神奇传说有很多，现采撷一则于此。

有一天，龙爪寺的石缝里长出了一条碗口粗的地瓜藤。这一奇怪现象，给人们带来了莫名的恐惧，担心会有什么灾难将要降临。大家商议的结果为，请来村中最为勇敢强壮的一个猛汉去砍掉地瓜藤。猛汉挥臂抡斧，折腾一天，累得筋疲力尽，也没能把地瓜藤砍断。第二天，更为奇怪的现象出现了：昨日辛苦一天砍出的口子，一点儿痕迹也看不到了，地瓜藤完好无损。就这样日复一日，前一天砍出的口子，经过一夜就完全长合，总是前功尽弃，每一天都只能重新开始。就这样耗费了将近一个月的工夫，众人无可奈何。一天下午，猛汉正专心致志地挥斧猛砍。突然，好像有人在身后发出叹息："唉，什么都不怕，就怕你去我来!"猛汉环顾四周，一个人影也没有发现。他被吓得浑身直起鸡皮疙瘩，立即收拾工具，早早收工。夜里，猛汉翻来覆去睡不着，总想着那奇怪的声音，不停地琢磨"你去我来"是什么?什么是"就怕你去我来"?他百思不得其解。黎明时分，猛汉听到报晓鸡鸣，忽然翻身坐起，一拍脑袋："嗨!'你去我来'不就是指锯子吗!"

天刚见亮，猛汉便带着锯子来到山崖边，找到地瓜藤锯了起来。不到一个时辰，碗口粗的地瓜藤就被锯断了。可是，石缝中那半截地瓜藤却汩汩地流出了殷红的血液。这血一直流了七七四十九天，把龙爪寺上下那片平坝染成了朱红色。后来，人们便把这里叫作红朱坝。红朱坝的泥土，随便取一小块浸泡在净水中，水就会变成红色，可用来代替红墨水书写。

庆林寺 相传远古的时候，沱江河来了一个水怪，至于水怪长得如何怪异，没有人亲眼看见。可水怪每年都会兴风作浪几次，将两岸变成汪洋，淹没村庄、房舍，水怪游动时两岸近河的动物尽被掳去。沱江两岸的人们，为不惹这水怪发怒施威，减少洪涝灾害，每年四月初八，就要携家带小，把上等祭品献给水怪。但这水怪还有一大毛病，每隔30年就要吸一次金童玉女的处子血，不满足水怪这个欲望，它就会给两岸生灵带来灭顶之灾。金童玉女，一胞双胎，龙凤呈祥，世间哪有这么好找的?更何况，水怪只吸6周岁的金童玉女的血。于是水怪的淫威就会常常发作，两岸百姓背井离乡，远走异域。

　　有一天，一个得道高僧林海法师云游至此，他一眼望去，满目疮痍，哀鸿遍野。法师欲替天行道，铲除水怪。这水怪也非等闲之辈，八百年修行未成正果，于是与林海法师拼杀起来，恶战不休，从水里打到陆地，再从陆地打到天上，三天三夜，难分胜负。终于，林海法师发现水怪头上有一个发出绿色光环的犄角，在水怪发功时会射出刺眼的蓝光。法师已有胜算，口中念念有词，拂尘一扬，犄角飞落。令法师始料不及的是犄角被击断时喷出了一种无名毒液，法师屏住呼吸疾退，仍有一滴溅到袍上，立即燃烧起来，法师来不及发功自救，瞬间化为灰烬，魂归西方极乐世界。

　　水怪犄角被砍，早已半死，坠入河中。百姓重新过上了没有洪灾的日子。为纪念拯救苍生的林海法师，人们就在当年法师大战水怪之地修了一座庙，取名庆林寺。

　　可是，故事并没有结束。原来水怪坠河后没有死，过了几百年，水怪又开始肆无忌惮地伤害沱江两岸的生灵。

　　有一天夜里，庆林寺住持悟觉法师得到观音菩萨托梦，要求此后81天都不得关闭庆林寺的山门，说是有一神物将于此期间降临寺中，当发生天灾人祸时，神物就会显灵拯救众生。悟觉法师遂按观音菩萨的要求，夜夜都不再关闭山门。过了80天，这日傍晚时分，狂风怒吼，暴雨从天而降。不一会儿，庆林寺大雄宝殿内便积水一尺多深。悟觉法师与寺中和尚，瓢盆锅碗齐上阵，还是未能把水舀尽，水越积越多。眼看大有水漫庆林寺之虞，悟觉法师顾不上菩萨的告诫，于是下令关闭山门，以阻止狂风暴雨。子时三刻，风雨中一阵霹雳之后，一种奇特的声音呼啸而至，庆林寺的山门被猛烈地撞击了三下，"嘣、嘣、嘣"，震得大雄宝殿摇摇欲坠。三声巨响过后，金光四射，一团红光折射向沱江之中，溅起百丈水柱。

　　第二天，雨过天晴，悟觉法师到沱江边挑水，发现江里有一尊金光灿灿的金钟。悟觉法师明白了，观音菩萨指点的神物就是这尊金钟，立即合掌当胸，虔诚地祷告起来。金钟突然开口："悟觉，不必悔过，我是来镇压水怪的。"原来，金钟降伏了水怪并将其重重地压在身下，只允许它百年翻一回身。从此以后，沱江的大洪水不再频繁发生，而是要到百年左右才会发生一次。

　　鲤鱼石　在壬子山脚下的沱江边，有一大一小两座巨石，形如鲤鱼栖息江畔。相传很久很久以前，有一年久旱无雨，眼看地里的庄稼颗粒无收，村民们一筹莫展，无计可施。

鲤鱼石

有一户人家的女儿，名叫美姑，正当二八年华，虽已定亲，尚未出嫁。看到父母整日劳作，付出的辛劳却换不来收成，美姑非常难过，下决心去找龙王论理。于是她来到江边，化身成一条鲤鱼，游向东海去找龙王。她的未婚夫得知后，匆匆忙忙地从牛佛渡赶来，站在美姑下水的岸边，焦急地等啊等，唤啊唤，一站就是三天三夜。

龙王得知此事，动了恻隐之心，三天后，终于降下了甘霖。美姑变成的鲤鱼游回来了，当她靠近岸边的时候已筋疲力尽，无力变回人形。她的未婚夫扑通一声跳入水中，将美姑拥在怀里，忧喜交加，说："美姑啊美姑，不管你走到哪里，今生今世我都要与你相拥相依。你既做鲤鱼，我就做鲤鱼！"说完，他也变成了一条鲤鱼。

从此，沱江岸边就有了这一对鲤鱼石。在内侧的那条就是美姑；守护在旁边，体形大一些的在外侧为美姑阻挡风浪的就是她的未婚夫。千百年来，美姑和她的未婚夫化作的鲤鱼石，就这样相厮相守在一起。过去，每当风调雨顺的一年过去后，老人们总要说，那是美姑给大家带来了丰收。

观音洞 观音洞位于藕塘村七组，清《富顺县志》云："有石栏迤逦而上，可容百数十人，夏凉冬温。中有石柱一，高与洞齐；石床一。里人孝廉方正卢心能题诗在焉。"卢心能何许人也？他就是清末著名教育家卢庆家的祖父。卢心能的书法造诣非常了得，八旬犹能作细楷。其观音洞之题，作于清嘉庆年间。

说起观音洞的由来，则有一段关于卢氏家族的传奇故事。

牛佛古镇的卢氏，原籍福建龙岩。其入川始祖东乾公于康熙六十一年（1722）来到牛佛古镇时，家境并不宽裕，后白手兴家。

观音洞

初，卢氏入川始祖东乾公在新桥附近帮一余氏人家做农活，由于勤劳忠厚，颇受余氏主人赏识。光阴荏苒，转眼三年，卢氏始祖便向余氏主人请求，讨要一席之地来安葬其先祖君赈公的骸骨。余氏主人听后，欣然允诺，并任其选择。东乾公大喜，随即写好讨地契约以作凭证，余氏主人亦毫不犹豫地在契约上签字画押。接着，东乾公便请来风水先生反复勘察地形，最后将墓地选定在狮子山头柏树林中。阴阳先生夸赞说这是一块风水宝地，墓主的后人定会大富大贵。

卢氏先祖君赈公灵柩落葬日期则由阴阳先生钓"天星

期"，即专门选择"穿钉鞋、戴铁帽、鱼爬树"之时下葬，果然应验。此墓葬因位于狮子山，卢氏族人称其为"狮子坟"。入葬后，周围近 10 里村落鸡不鸣、犬不吠。而余氏人家却凡事不顺，日渐衰败，特请风水先生为之察看究竟。那风水先生认为系卢氏"狮子坟"葬后所致，还为余氏主人出谋划策，说唯一办法是在卢氏"狮子坟"后的半山腰凿一石洞，以打断卢氏祖坟的龙脉，方能使其衰落，让余家重振。余氏主人言听计从，依允行事。

石洞凿好后，余氏主人唯恐此举太过明显而引起卢氏族人不满，便又在洞口石壁上建一寺庙，请来和尚撞钟击鼓，诵经念佛。谁知竟事与愿违，弄巧成拙。原来卢氏所葬祖坟是那狮子山形之嘴部，狮子一旦听到撞钟击鼓之声，遂情绪激昂，愈加勇猛。故而余家日渐衰颓，卢氏日益兴旺。特别是卢氏长房更是人丁兴旺，能人辈出。其后嗣卢心能，以及嗣孙卢庆家、卢文钜（铁铮）父子等，都是享有盛誉的知名人物。

四　文化遗产　民俗风情

　　牛佛古镇历史悠久、文化底蕴深厚，其建镇历史、镇名由来、掌故逸闻、民间传说等，构成了一幅绚丽多彩的历史风情画卷。古镇区内弹棉纺线、木器竹编等各类精湛手工艺和传统的川剧坐唱、舞龙灯、划龙船、街头茶馆等民俗民风都得以传承。农村生产生活用品交易异常活跃，生产工艺和经营手段基

川剧坐唱

本保持着传统习俗。物资集散和信息吸纳与发散功能，可以辐射周边数十万人口。牛佛镇赶场的场期原为农历三、六、九日，后来改为每逢农历双日为场期。盛时云集 10 万人赶场，集市人声鼎沸，别具风情。

1 赶 场

四川把赶集称作赶场，把赶集的日子称为逢场天。每到逢场天，古镇最为热闹。集市上百货齐聚，应有尽有。方圆数十里的人们从四面八方赶来，把九街十八巷挤得满满当当。最热闹的时候达 10 万人，人们熙熙攘攘、摩肩接踵。有的卖自家多余的作物产品，有的买进自家所需的生活、生产资料，也有的趁便约亲友办事，也有的只是来看看热闹。

自清代起，农历逢三、六、九日为牛佛镇的逢场天。20世纪 50 年代，赶场习俗因政策的变化而不断发生变动。不仅逢场的日期发生变动，连赶场习俗也曾一度被取消。1958 年随着人民公社化运动的开展，不准私自进行大宗商品交换，富顺县于 2 月 2 日发布公告称："从即日起，各集镇每隔三天的赶场期，一律改为每隔七天赶一次场，全县各场均定为每个星期日赶场"。4 月，全县又统一改为每月赶一次场。10 月，富顺县推广怀德分销店经验，全县改为赶夜场。1961 年，富顺县遵照《中共中央紧急指示信》精神，于 3 月 13 日发出通知："各地农村集市赶场日期应暂改为七天，少至五天赶一场。哪天赶场，赶什么点，由各区公所、各人民公社决定"。牛佛镇的逢场天遂改为五天一场。自 1972 年 1 月 1 日起，逢场天由五天一场改为七天一场，逢星期日赶场。1979 年 5 月，富顺县宣告全县集市场期恢复传统习惯，按农历日期交错赶场。于是，牛佛镇恢复逢场日期，即农历逢三、六、九日为逢场天。

1995 年，为适应牛佛这座商贸大镇的经济发展，同时满足城乡人民生产生活需要，经富顺县人民政府批准，从 12 月 17 日起，牛佛镇将逢场天更改为隔日场，即凡农历双日即为逢场天，此规定一直延续至今。

2 川剧坐唱

牛佛古镇是远近闻名的"戏窝子"，邑人历来喜爱川剧。"川剧坐唱"这一传统表演艺术历史悠久。自清代开始，袍哥码头盛行晚间在茶馆内"吼围鼓"，即"川剧坐唱"，听众甚多。茶馆内摆上一些简单的桌椅、锣鼓，几个人围在一起边敲边打边唱，听众则是一边品茗一边欣赏。观众有三教九流各色人等，如乡绅、地主、糖商、盐商、盐工、农夫、船工、挑夫，既有本地人也有外省人。

自贡的地方戏剧尤以川剧久负盛名。川剧"资阳河"流派就是通过牛佛传入，并在自贡发展而成的一个川剧艺术流派。该流派涵盖内江、自贡、泸州等地区，地域上没有严格的界限。这个地区水陆交通较为方便，商贸发达，外来流动人口较多，从而促进了戏曲艺术的交流、改革与发展。

20 世纪 80 年代以前，自贡、宜宾、内江、荣县、江安等各地川剧团纷至沓来，均受到热情欢迎。戏班中包括名噪全川的"逸飞剧团"，登台献艺的有周企何、陈书舫、曹俊臣（曹黑娃）等川剧名角。

1955 年腊月，富顺县成立的新川剧团来牛佛古镇拖黄①，剧团刚好有几位演员是牛佛本地人，可谓地利、人和。当观众看到演出时演员的服装几乎是全新的，都说新川剧团"鸟枪换炮"。一传十、十传百，大家争先恐后地来看新川剧团演出。虽是水冷草枯之时，平日只演夜场，逢场天则演早、午、晚三场，但几乎场场客满，剧团收入可观。该剧团的演出，进一步影响了牛佛古镇的川剧爱好者，后来有不少人成为了川剧名角或骨干，如廖礼珊、刘自辉、张德良等。

1980 年后，随着电视机的普及和电视节目的增多，各地剧团相继解散。虽然外来的演出少了，但牛佛人对川剧的兴趣依然不减。1985 年，富顺县川剧团解体后，牛佛镇的川剧爱好者遵照"抢救、继承、改革、发展"这一振兴川剧的指导思想，自发组织起两个业余川剧坐唱队，长期活跃于牛佛古镇。当年，永新乡川剧爱好者组成"永新川剧团"，在富顺县内各集镇演出，深受欢迎。这些剧团被人们称为"火把剧团"，意思是走到哪里，"亮"到哪里。直到现在，每逢农历初一和十五，古镇的川剧爱好者们都会在川主庙和灯杆坝茶馆举行川剧坐唱。富顺县著名川剧鼓手刘自辉虽已年过八旬，但

---

① 拖黄：农历腊月年关将至，人们忙于过年，看戏人少，艺人称之为拖黄。

仍然坚持参与并进行指导。他的关门弟子刘策，原是牛佛区副区长，酷爱川剧，至今仍是川剧坐唱的积极组织者和参与者。

3 耍龙舞灯

耍灯，是历史悠久的民间艺术和乡土文化，也是牛佛人喜爱的节日活动之一。按照表演所用道具展现的动物形态，耍灯分为耍龙灯、狮灯、牛儿灯。

耍龙灯　龙灯分为排街大龙、烟花大龙、表演耍龙和求雨水龙4种。耍灯的技艺，全凭过硬的功夫和充沛的体力。旧时，每逢三、六、九赶场之日，牛佛镇大街小巷万人攒动，摩肩接踵，人声鼎沸。特别是春节期间的初一至十五，街头巷尾的耍灯表演给节日期间的古镇增添了喜庆祥和的气氛。

民国时，每逢春节，镇上的袍哥均要组织大龙灯于九街游耍，大龙灯执龙把者共9人。执第一龙把者是袍哥大爷（又称"龙头大爷"），执龙尾者则是"幺叔"，"幺叔"的装扮酷似"三花脸"，动作亦滑稽可笑。龙头前面是一名武士打扮的人，手持元宝在龙头前舞动。龙头则随元宝转动，大有跃龙抢宝之势。执元宝者不时放出硫黄烟雾，雾里看那龙腾宝转，令观者亦随之而手舞足蹈，喝彩不断。与此同时，镇域各乡组织的小龙灯也在正月初五后活跃起来，或在乡村，或在场镇。龙灯到时，锣鼓喧天。他们先向房主或店主下帖子，再唱恭喜发财之类的四言八句。随后，便在院坝里耍起龙灯来。龙灯舞罢，再向主人唱颂告辞"歌谣"，待主人赏钱后，方敲锣打鼓而去。

耍龙灯

　　如今，牛佛的"耍龙灯"民俗活动已被列入自贡市非物质文化遗产名录。

　　狮灯　又称舞狮子，新春佳节时的表演活动之一。著名的舞狮人叫"李狮子"，此人武艺高强，扮演爬三（即猴子），可以轻松地爬上几丈高的楠竹竿，表演猴子的各种嬉耍动作，让观众赞叹不已。1955 年后，狮灯表演因后继无人而失传。

　　牛儿灯　春节时在镇上或在乡村巡回表演。牛儿灯的表演者有三到四人，其中两人一前一后弯腰半蹲，上面披盖青布形成牛身，表演时，二人配合协调，做牛跑跳、翻滚、躺卧等动作。另外一人扮放牛娃，背着装有青草的小背篓，伴着锣鼓声，唱着放牛小调，挑逗牛儿舞动取乐。若为 4 人表演，则第 4 人扮扶犁耕田的农夫，紧跟牛身后。

牛儿灯

花灯 俗称"幺姑灯"，过去通常由一男一女表演，男扮"三花脸"（丑角），女扮"幺姑"。幺姑衣着妖艳，言语妖媚，举止妖娆。三花脸则装扮丑陋，表演丑态，衣着褴褛，手摇破扇，与幺姑对唱莲花闹、金钱板，相对而舞。三花脸举止轻佻，戏耍幺姑取乐。幺姑亦毫不拘束，主动配合。三花脸不时唱"幺姑十七八，明年要当妈"之类低俗唱词，同时伴以"砰砰灯儿，当球当，球当球当隆球当"的锣鼓铙钹声，使观众哄笑不绝。后来花灯废除了低级庸俗的唱词和动作，改以花船形式表现喜庆气氛。同时花船内人物则多由女性扮演，亦有男性配合，只是不再像过去那样低俗轻狂。

4　龙舟竞渡

牛佛镇历来有龙舟竞赛的传统，环绕古镇的沱江水域，形成天然的竞技场。划龙船、抢鸭子，成为端午节重要的民俗活动之一。端午时节赛龙舟，尽管天气炎热，沱江两岸总会是人山人海。参赛者们则会唱起独特的牛佛龙船号子：

啊……嗨、嗬，

划上哟划下哟，嗨嗬，呵嗬咳。

牛王山下好气派哟，嗨嗬，呵嗬咳。

沱江两岸人如海哟，嗨嗬，呵嗬咳。

喜看端阳龙舟赛哟，嗨嗬，呵嗬咳。

高头有座牛王山，山脚沱江好划船。

五月初五端阳节，牛佛人民划龙船。

船头红旗指方向，船尾驾长板尾桨。

锣鼓铙子齐合拍，生龙活虎向前方。

参加竞赛的龙舟，多则有数十只，少则五六只，分红龙、黄龙、青龙、白龙，旗幡一色。每只龙舟上有十几人至二十余人，着同色马甲和短裤，分坐两弦划桨。龙头后蹲立两人专门夺标抢鸭；中间一至二人司金锣铜鼓，指挥进退；后由一至二人掌舵，操纵方向。端午节这天，本镇及周边村民午饭后便纷纷赶到牛佛渡沱江两岸等候，待号炮鸣响，金锣铜鼓大作，数条龙舟竞相争夺江中水鸭，两岸人群振臂高呼，拍手助威，呐喊声此起彼落，热闹非凡。20 世纪 50 年代后，龙舟会不再是民间自发地按期举行，而是由政府视情况安排和组织。

1993 年端午节，牛佛区委、区公所牵头举办了一次规模壮观的龙舟竞赛。此次竞赛有大小 27 只船参赛，将近 10 万名观众聚集在沿江两岸。据统计，各龙船抢获鸭子总计 500 余只，燃放鞭炮上千串，燃放黄烟 93 筒。抢得头彩的是农科村的青龙，二彩是星光村的白龙，三彩是砂轮厂的花龙，精神文明奖获得者是残疾人联合会的志坚龙。2012 年，牛佛镇成功举办了"中国川南首届端午龙舟节"，来自本地及周边地区的游客和观众逾 10 万人，挤满了沱江两岸。

龙舟竞渡

5 牛佛美食

牛佛古镇物产丰饶，饮食品种丰富。古镇人好客，每当红白喜事和逢年过节，多爱邀请亲朋邻里聚饮，以不善知宾待客为耻。过去，宴席一般有八大碗、九大碗等。牛佛的九大碗包括杂镶拼盘、牛佛烘肘、粑粑肉、酒米饭、夹沙肉、个子鱼、回锅肉、烧白、老腊肉。

牛佛烘肘、红萝卜龙等是远近驰名的地方特产，20 世纪 80 年代后更是蜚声中外。沱江河段水产资源丰富，鱼类品种多，因此牛佛的河鲜也远近闻名。街头的小吃颇具地方特色，令远在他乡的游子每当忆起则垂涎欲滴。有位离乡多年的牛佛人曾撰文《小镇的吃》，连载于《纽约时报》，引发了美国朋友对牛佛饮食文化的极大兴趣。随着生活水平的提高，如今牛佛人的饮食更趋多样化，也更多地融进了特色元素。

牛佛烘肘　牛佛烘肘是牛佛名厨在川味烘肉基础上研制而成的。清康熙年间，牛佛厨师吸取传统烘肘之长，研制成功独具特色的牛佛"碗碗烘肘"。"碗碗烘肘"造型美观，色泽鲜嫩，味美香甜，食之软而不烂，肥而不腻，胜过当时名气最大的"东坡烘肘"，受到富顺、隆昌、泸州、宜宾、资中、资阳等州县食客欢迎，后经官府传入宫中，成为康熙年间宫廷的上等菜肴。

烘肘制作方法：精选猪肘子，肘子一般不低于 1.25 公斤，整形为皇冠状，配以 10 多种天然传统香料和具有败火、化食功能的中药材，加上料酒、冰糖、精盐、酱油、甜酱等佐料，入锅烘制。烘制时，先武火后文火，两个多小时后起锅。烘制过程颇有讲究，时间短了不入味，时间长了会影响造型。

1988 年，设在牛佛的富顺县食品厂开发生产罐装牛佛烘肘。推向市场后，牛佛烘肘名震巴蜀，曾获国家金奖，热销省内外，且远销东南亚地区。罐装产品便于储运，从而使牛佛烘肘蜚声海内外。如今，古镇仍有不少店家遵循传统工艺烹制烘肘，销量可观，收益颇丰。这一老少咸宜的美食，现已成为旅游纪念和馈赠亲友的佳品。

传统制作牛佛烘肘

红萝卜龙 牛佛古镇的红萝卜龙远近闻名，是自贡饮食文化中的"三秀"① 之一。红萝卜龙是用特殊刀法把胡萝卜切成一条长龙晾晒而成的。三五寸长的胡萝卜，做成的红萝卜龙足有成人展臂之长。红萝卜龙拌花生米，是一道下酒的

---

① "三秀"：是指白夹菜头、生鲜大头菜、牛佛红萝卜龙。

好菜。

牛佛镇濒临沱江河畔的几个冲积坝地，土地肥沃，历来盛产红萝卜、白萝卜，尤以红萝卜色红、个大、心儿细、脆甜而远近闻名。红萝卜年产量多达一两百万斤。由于产量大，过去就地鲜销卖不完，常给菜农带来经济损失。20 世纪 30 年代，聪明的菜农江子才、廖兴喜两人首创"红萝卜龙干"。他们将红萝卜放在两根竹筷上，使中间悬空，用刀横切萝卜 2/3（切忌切断），然后翻面用刀再切 2/3，之后，用竹竿搭棚晾晒，至晒干为止。状似长龙，故称"萝卜龙"。这样加工后，易于包装，运输方便，不仅解决了鲜销困难，而且成了筵席上的佐酒佐食佳品，打开了新的销路，提高了经济效益。

"红萝卜龙"具有的色、香、味特点，是其他蔬菜所没有的。红萝卜龙色泽呈淡红色，食时先将萝卜龙撕成小节，泡入清水中，10 分钟后捞起，将水沥干，放到碗内，然后加入豆油、醋、熟菜油、海椒、花椒粉、白糖或红糖，及少量味精，拌匀后，既可佐酒，又可佐饭。此菜香、脆、麻、辣、酸、咸、甜，十分可口。牛佛红萝卜龙远销蓉、渝、沪、宁、汉等大城市。

牛佛红萝卜龙不仅是美食，还曾为抗美援朝做出过贡献。1952 年初，中国人民志愿军进入朝鲜后，众多战士因严重缺乏维生素而引发雪盲症，想尽了办法都没能解决。最后有人想到了牛佛红萝卜龙，于是到牛佛古镇购买了大量的牛佛红萝卜龙，紧急调运到朝鲜，很快就治好了志愿军战士

加工红萝卜龙

们罹患的雪盲症。

沱江河鲜　到牛佛古镇，不能不尝尝沱江河鲜。牛佛沱江河段水产资源丰富，鱼类品种众多。谣曰：春有鲢巴浪，夏有红眼棒，涨水有青鲅，水清有鲫壳。本地厨师烹制的沱江河鲜，鲜嫩可口，妙不可言。如今，专做河鲜的餐馆每日食客盈门，其中不乏驱车数十里，专为一尝河鲜的外来食客。

牛佛小吃　牛佛古镇的小吃品种非常丰富，有鸭儿凼的水粉儿和豆花儿、油炸粑，镶边场的包子、糍粑，石板巷的泡粑、叶儿粑，油坊街的鸡婆头，黄桷树的豌豆粑，电影院的蒸饺，鱼市口的桂花肉、酸辣汤，横街子的羊肉汤，灯杆坝的杂烩，河街子的水煮牛肉，张家坝的蒸笼爪儿，还有那些沿街叫卖的水豆豉、红豆腐、麻糖等。

油炸粑

五　古镇大事　史海钩沉

　　牛佛渡地处富顺、隆昌两县交界处，踞东大路要冲，为沱江中下游之咽喉，物产丰饶，商贸繁荣。在清代，古镇的规模堪比川南一般规模的小县城。在这个不算小的川南古镇里，也发生过许多不算小的历史事件。

洪峰过后的牛佛古镇（老照片）

1　李蓝起义与建都牛佛

　　时代背景　鸦片战争后，中国逐渐沦为半封建半殖民地社会。清王朝日趋腐败，官吏巧取豪夺，严重的土地兼并致使大量农民破产，经济凋敝。1851 年爆发的太平天国运动，动摇了清王朝的统治，促进和推动了全国各地各族人民起义的爆发和发展。

鸦片战争后，鸦片输入成为公开的买卖，川、滇之间成立了烟帮组织。云南种植的鸦片价格较由外输入的鸦片价格低，故川省烟商多前往云南贩运。由于路上不平静，贩运鸦片是一种大贸易，须要护送，就由那些被封建剥削压迫破产的农民组织烟帮，受烟商的雇佣，给他们做保镖。烟帮都配备鸟枪、刀剑等武器，是具有军事性质的组织。他们熟悉地形，行动疾如风，他们靠抽取护送费为生。但贪暴成性的官吏却要坐地分肥，经常向他们勒索。因此，这些无产者对统治者存有仇恨，与受压迫的农民团结一致，共同起来反抗。烟帮大都是哥老会成员，所以烟帮与烟帮之间，烟帮与其他帮会之间，就都依靠哥老会的组织互相联系。

1857 年前后，李永和（云南昭通人，又名长春，外号"李短辫子""李短搭搭"）、蓝朝鼎（云南昭通人，本名蓝朝璧，又名蓝大顺，外号"蓝大脚板"）分别在川滇通道中充当烟帮管带，往来于昭通、叙州府间。李、蓝办事认真，讲究信用，崇尚侠义。在官府的记载中，也称他们"然自托商贩，颇重身家，无歹心"。所以李、蓝是烟帮中杰出的领袖，"号为帮中巨擘"。这时，值昭通官府挑动回汉"构衅"，庄稼未种，一些破产农民为生活所迫，都来投靠李、蓝，入伙的人越来越多。

1859 年春，烟帮中的胡登高、杨刚狗等护运鸦片到老鸦滩（今盐津），汛官以征税为由，索要贿赂后才放行。宜宾典史于培继续勒索未果，对胡、杨怀恨在心。值胡、杨二人到宜宾所属之新场，于培告于宜宾知县汪觐光。汪指使当地驻军叙马营千总赵三元逮捕胡、杨二人。烟帮多方营救，受尽官吏的敲诈勒索，但最后胡、杨仍被宜宾县处决。昭通、叙州两府进而通令缉捕蓝朝鼎，于是激起烟帮的义愤，成为起义的导火索。

拜旗造反　清咸丰九年（1859）八月十五日，李永和、蓝朝鼎聚集百余人，在昭通府恩安县牛皮寨（今盐津县牛寨乡）焚香结盟，拜旗造反。同尊李永和为盟主，提出了"诛贪官污吏""打富济贫""横扫胡腥一十七省山河"等口号。随后，起义队伍向四川进发。九月初八，起义军攻陷筠连，十一日攻克高县，十三日占领庆符，一路势如破竹，所向披靡，二十日围攻叙州府，十二月中旬占领犍为五通盐场，川南会党四五万人纷纷加入起义队伍。咸丰十年（1860）正月初五，攻下自流井盐场后，又有数万盐工加入，队伍迅速壮大。占领自流井盐场这一富庶之地后，起义军掳获大量物资。兵多饷足，声威大振，官兵闻风丧胆。史料记载："官军屯防者，望寇四五里外，辄跪呼乞命。"

咸丰十年（1860）九月中旬，起义军何兴顺率部万余人至富顺东街（富顺东街与富顺县城以沱江相隔），隔沱江向富顺城中施炮飞击。四城团总罗礼为、田时若、萧文煜、郭昌瀚等督团死守。值雨天，连日城垣倒塌数处，勒民捐数千金，克日修复。守城总兵欧阳笃祜率兵勇，将早年所铸大炮由西门运到东门，向对岸起义军施放。第一炮只打到江边，义军起哄大笑，讥之"不得行！"遂加大火药量，点燃第二炮，炮弹亦仅至江心，对岸义军更拍手狂呼："还是不得行！"再加大火药量放第三炮，炮弹越江，击去对岸牌坊之顶。义军见状始撤，移师代家寺。

建立政权　何兴顺部于咸丰十年（1860）九月二十五日由代家寺出发，二十六日至牛佛渡。其先头部队周绍勇部抵牛佛渡后，渡沱江，踞牛王山，插旗于山顶。周绍勇本人驻五里店①对面李家坡胡姓宅内。因周妻姓胡，认为后家，贴示于门，无敢搅扰者。何兴顺主力扎营于金山寺。

李永和部由苏家湾而来，于十月下旬至牛佛渡。随后，曹建章部驻扎庆林寺马家湾一带，卯得兴、兰二顺部驻扎高洞桥一带。李、蓝二位首领率本部人马驻牛佛镇内。最后到来的是张第才部，于腊月至，扎后山坡东岳庙一带。至此，李蓝起义军各路人马从各地全部移师至牛佛渡，分布在沱江两岸方圆几十里内。夜间号火熊熊，光照数里。沱江如带，对岸坦远。起义军还在沱江上搭起十多丈宽的浮桥，可以结队走马。

清同治壬申《富顺县志》载："九月下旬，分扰各处之贼四面蜂拥，啸集牛佛渡，众殆二十万。"1931年《富顺县志》载："咸丰庚申（1860）十月，李逆踞牛佛渡，时出，肆扰本境。"

李蓝自结盟起义始，在一年有余的时间里，一直处于游动

---

①　五里店，后名五里村，曾为牛佛人民公社五里大队，今为牛佛镇佛岩村。

状态，走而不守，没有建立稳固的根据地。直到各路人马聚集牛佛渡后，情况才发生了改变。之所以齐集于牛佛渡，并落地生根，是因为这里不仅是富顺、隆昌两县交界之地，交通便利，而且物产丰饶，给养充足，加上环境优美，宜居宜养。正如《富顺县志》所云："咸丰时，李逆数十万众踞此六月余，物力之丰可想。"

在牛佛的这一时期，李蓝起义军主要做了些什么呢？

首先，建立了"大明顺天"政权，并将咸丰十年（1860）年号改为"顺天元年"。李永和称为"顺天王"，起义军称为"顺天军"。

据牛树梅①《省斋全集》卷二称："（李永和）帝制自为，有木印大如斗，其篆文云受命于天，唯德永昌。"又，胡汉生《李蓝起义史稿》引述余鸿观《蜀燹述略》中的记载："咸丰十一年三月初八，何兴顺占领资阳南津驿时，曾'张贴伪示，称顺天二年'。"正好说明咸丰十年即"顺天元年"，这恰恰就是李永和在牛佛渡驻扎的这个时期。胡汉生先生在《李蓝起义史稿》中辟专章详论"牛佛渡会议"，并称："牛佛渡会议是李蓝起义历史上极其重要的一次会议，是李蓝自 1859 年 9 月首义以来的第一次，也是它在革命史上唯一的一次大型军事

---

① 牛树梅（1791~1875），字雪樵，号省斋，甘肃通渭人。道光二十一年（1841）进士，任四川彰明知县。通达干练，以不扰为治。决狱明慎，民隐无不达，咸爱戴之。案无留牍，讼无冤狱。学渊邃，工书法。同治元年（1862），四川总督骆秉章复荐之，擢授四川按察使，百姓喜相告曰："牛青天再至矣！"三年，内召，以老病不出，主成都锦江书院。

会议。"胡先生将这次会议定位为大型军事会议，源于他对史料的推断，亦不无道理。但是，这次会议尚有一项重要内容，那就是建立顺天政权并尊李永和为顺天王。

其次，开科取士，张榜纳贤。

顺天王李永和以牛佛天后宫为王宫。天后宫隔江正对牛王山，背倚后山坡，是一座布局严谨、规模宏伟的宫殿式建筑。自此以后，门前的双正街被命名为"御街"。在牛佛期间，李永和虽年仅24岁，血气方刚，但已谙熟奠基创业之道，重视安定社会秩序，开始发门牌，征粮赋，并效先朝开国君主，尊贤重士，遍访高明。

其时，牛佛镇奎聚堂廖晓东，本是清廷知县，丁父忧在家，尚未起复。廖晓东，字溥明，咸丰庠生，胸有奇志，投笔从戎，以功保知县，历任甘肃文县、镇原等县令，人称廖四大人。他为官清正廉明，洞察民间疾苦。李永和闻知大喜，立命用王轿将廖晓东请进王宫，优礼以待。他们促膝畅谈，通宵达旦。李永和特聘廖晓东为军幕，称作丞相。廖晓东见义军纪律严明，秋毫无犯，深得人心，不禁由衷敬佩，决意竭诚以助。廖晓东曾为李永和撰写了一副对联，贴于顺天王宫的大门两旁。联曰：

> 旧主本仁慈，可恨污吏贪官，败坏二百余年风气；
>
> 新君多德泽，统领雄兵猛将，平定一十八省河山。

这副对联，系脱胎于太平天国天王洪秀全自撰联。据《清代通史》载，原联是：先主本仁慈，恨兹污吏贪官，断送六七王统绪；藐躬实惭德，望尔谋臣战将，重新十八省河山。"先主""旧主"，均指清朝的"康乾盛世"，"藐躬"则为洪秀全自称。

廖晓东献计李永和，实行开科取士，选才任能，礼聘秀才郭建中为顺天新科主考官。发布了一篇文情并茂的《求贤诏》。诏曰：

> 为榜求俊彦，以亮天工事。
>
> ……兹者，清夷失道，海内沸腾。粤人即据江南，洋鬼复煽燕北。读古战场文，伤心已将近代；诵《阿房宫赋》，自哀犹在后人。公等或娴文德，或擅武功，或从事而失时，或怀玉而待贾。或先忧后乐，卓有范秀才之襟怀，或物与民胞，素怀孔圣人之志量。其道浊行，帝心之简在谁属？斯人不出，苍生之仰望何依？所望贤士大夫，轸念时艰，关心民瘼，毋匹夫匹妇之为量，尚群策群力以相从。读圣贤书，所学何事？乐尧舜道，岂忘斯民！转王前为士前，毋曰枉己，易无道为有道，须念同群。班定远投笔封侯，谁无壮志？苏武安上书拜相，谅有同情。有志未能，咫尺便能吐气；怀才欲试，于今正好出头。

《求贤诏》引经据典，掷地有声。顺天王李永和不禁大喜，急令四处张贴，八方晓告。不仅顺天军控制范围内的才子们踊跃应试，即使在清廷治下的文人秀士也纷纷前来赴考。文章魁首，点中了沙溪口周文俊为"顺天新科状元"。李永和亲自为其披红戴花，赏酒赐宴，令其从御街、镶边场等"九街十八巷"打马游街，沿途商铺张灯结彩，鞭炮声声。

分路出击 咸丰十一年（1861）三月，起义军从牛佛渡分路出兵：李永和攻青神，围眉州，凡嘉、眉、雅、邛、叙、泸都在李永和起义军的控制下。蓝朝鼎部则经涪江向川北挺进，围攻绵州，分兵江油、彰明、绵竹、安县、梓潼等县。这两路起义军形成南北两路夹攻成都的形势。李永和又派周绍勇、曹灿章、郭福贵率领一部分起义军进攻重庆、资州、泸州各属，在川东地区铜梁、璧山、永川、大足等县驻军。

驻川清军没有力量抗拒李蓝起义军，金兵保守成都，地主富商也纷纷筑寨办团，聚居自保。清廷急派湖南巡抚骆秉章抽调湘军入川镇压，于四月进抵万县。入川后，骆秉章探明起义军以李永和部人数最多，控制地区最广，战斗力却以蓝朝鼎部为最强，但人数较少，控制的地区较小，因此决定以四川提督蒋玉龙部牵制南路李永和军，而以湘军全力专攻蓝朝鼎部，先从北面打破蓝朝鼎，然后驱兵而南，取破竹之势，以进攻李永和大军的战略。

李蓝起义军在军事上缺乏严密组织，战时错杂散布，陷于各自为战的状态，遇到来势凶猛的湘军和骆秉章的战略，终不免失败。七月底，湘军进攻绵州，蓝朝鼎率军迎战，大败，撤绵州围，向绵竹、什邡、彭县、崇庆、大邑、邛州一路退却。李永和在眉州闻败讯，急派万人兵力前往接应，迎入丹棱，与眉州大军互为犄角。

骆秉章获胜后入成都，又集中力量进攻义军的两个据点——眉州和丹棱。

惨败龙孔场 同治元年（1862）春，李永和主力撤离青神驻扎铁山，遭清军攻击，被阻断粮道。三月初二夜，李永和放弃铁山，为分散敌人追击力量，向泸州、富顺、隆昌交界处的天洋坪撤退，卯得兴向宜宾县属的八角寨撤退。李永和在铁山撤退前一天，派部将李长毛、陈统领率军万余人前往青神接应守军撤退，不幸在青神对河麻柳场全军覆灭。周庭光率领青神守军突围时，被清军追击剿灭。

时周绍勇驻鹤游坪，李永和打算等候卯得兴军前来，然后东下鹤游坪，与川东军合兵一处，再图进展。清军得知李永和的计划，调集川东武装扼要布防，截断李永和东下之路。四月十五日夜，李永和从天洋坪向八角寨撤退，沿途被截击，只剩百余人从僻路逃入八角寨。

是年春，石达开军进入川东南境。李永和得到消息，致函欢迎太平天国大军的到来，并恳请同为合兵。石达开前军瑞天豫、傅佐廷等接到来信，答复道："过六天，石达开到叙永厅。"时四川别部起义军闻石达开至，率先迎接。石达开定计取长宁，出安宁桥图江安，以抢渡长江。既克长宁，被阻不得进，六月退归川、黔边界。李永和请求合兵的目的没有达到。

湘军从三月底起进攻八角寨。李永和与卯得兴共同坚守。八月十三日夜，全军突围而出，十五日退到犍为龙孔场。第二天，湘军就追到龙孔场，四面筑长壕围堵。此时李永和还有约5000人，扼守一个多月后，粮食渐竭。湘军设计，诱李永和到猪仙坡谈判。李永和因连夜力战，难突重围，认为可以将计就计，以寻求突围的机会，却不料湘军已布下罗网等着他。八月二十五日午时，湘军分伏山背，望见李永和率领卯得兴等将领十多人出场，突放冲天火箭为号，伏兵突起，一面捉拿李永和等人，一面向场内营垒突袭。起义军措手不及，约千人当天战死，其余4000多人于第二天晚上全部被屠。李永和、卯得兴被押解到成都处决。

颓势难挽　李永和在龙孔场被围时，见情况不妙，密令驻鹤游坪的周绍勇军回救。周绍勇接到命令后，打算与曹灿章合军增强实力，然后营救。闰八月十七日夜，周绍勇拔队离开鹤游坪根据地，前与曹灿章合军。不料曹灿章战败，已从太平县走入陕南。周绍勇跟踪前往，被清军截击，两军不得会合。周绍勇折回开县，九月十七日，在盘垭口大败。时李永和全军覆没的消息传到，周绍勇意取道山径退入陕南，因清军四面兜截，不能夺路入陕，复折而西走。九月廿六日，周绍勇转到大竹安吉场后战死。曹灿章一军入陕后，纵横于陕南、陇东一带，后在陕南周家沟被剿灭。又郭富贵一军，从鹤游坪派出后，进入陕南，攻克湖北竹谷、竹山两县，复由陕南进克甘肃两当，旋经陕西略阳，从宁羌州折回四川。他不知道周绍勇已战死，谋取道顺庆归鹤游坪，十一月十四日，转战到巴州属地鼎山铺被剿灭。

蓝朝鼎在咸丰十一年（1861）底率军退入川北山区后，自称"大汉显王"，铸造银玺，上镌"受命于天，既寿永昌"。蓝朝鼎打算前去宁陕厅属地金鸡河、两河口与曹灿章军及洋县撤出的部队会合。时曹灿章等先已败走，蓝朝鼎只得孤军转战到兴安府安康县属紫溪河地方。清兵和地方武装追击，势急不得脱。部将王包包急穿蓝朝鼎的绣金九龙蟒袍，乘轿奔走以诱敌，令蓝朝鼎乘机走脱。清军把王包包误认为蓝朝鼎而追杀。而蓝朝鼎逃至叶家坪亦被围堵，与残部100多人尽皆战死。

蓝朝鼎死后，起义军骨干将领之一蔡昌龄率部与太平军启王梁成富合军，由汉中进入甘肃。同治三年（1864）九月占领阶州（今甘肃武都县），清军集中湘军主力围阶州。起义军坚守到同治四年（1865）五月，城为清军破，梁、蔡被处决。

李蓝起义自清咸丰九年（1859）至同治四年（1865）历时6年，起义军由最初的几十人发展到最盛时期的60多万人，转战于滇、川、陕、鄂、陇等6省，克州县35个，涉州县69个，擒斩阵杀清提督、总兵、副将、都司以上官员数百人，沉重地打击和动摇了清王朝的统治。"举兵靖暴，诛贪官污吏""开仓济贫""假义举，禁淫掠"等，体现了起义军在政治、经济、军事上的主张，也得到广大群众的拥护，对后来西南各族人民推翻清王朝的统治起到了推动作用。

附：流传在牛佛的李蓝起义时期民谣选录

其一

咸丰元年起，一冲干到底。

干冬十年，锄头挖田。

老牯牛享福，累死长年。

其二

蓝心慌，李不忙，

张五麻子赶乡场。

其三

九月二十六，匪扎牛佛渡。

其四

李短搭，不是人。

先扎牛佛渡，后扎天洋坪。

其五

九月间天不晴，李短搭搭到来临。

有钱搬上寨，无钱不得行。

白日沿山跑，夜晚哭沉沉。

一步轻轻迈进门，又怕狗儿汪汪咬。

悄悄走进门，何日何天才太平。

其六

李短搭，造得反，谁说养女好不难。

不论富贵与贫贱，不择良辰择良缘。

一乘小轿抬起去，不用吹手不费钱。

一不要抽屉与柜子，二不要嫁妆与赔奁，

太平回来才办赔奁。

其七

李短辫子造反筹连起，龟儿子扎在大屋基。

有些下乡挑粮米，有些下乡嫖窑鸡。

乡头有些好美女，估斗就要成夫妻。

喊起轿子抬回去，管得你舅子后家依不依。

其八

咸丰登基九年半，李贼出来闹四川。

蓝大顺又反思安县，三十六人把香捻。

黎民百姓受尽苦，荒山岩洞把身藏。

寨子无钱怎敢入，富豪几年难收租。

我朝本是真命苦，全凭文武保帝都。

2 牛佛义渡与义渡章程

牛佛义渡 义者，为公益而远功利之举也。顾名思义，义渡就是渡船载人载货过河不收取费用。牛佛是沱江流域著名的商贸巨镇，地当冲要。在 1991 年牛佛沱江公路大桥建成通车前，沱江两岸全靠横渡往来。清代，自流井的井盐东运，隆昌方向的粮食西来，牛佛为咽喉要道。

牛佛渡自清乾隆年间兴设渡船两只，至同治年间已远远不能满足运送需求，以致小船把持渡口，敲诈勒索，令行人苦不堪言。特别是每当江水泛涨，人多船少，常遭覆溺。自流井盐商王三畏堂、李陶淑堂和当地士绅看到这种情景，深感忧虑，遂于同治六年（1867）四月初四，在王朗云先生的首倡下增设义渡。牛佛渡北岸地主金宗祠、东岸地主喻集庆等积极响应，自愿将私家的码头任随义渡船只停泊起载，用作义渡码头。以王三畏堂为首的绅商共捐银1万余两，制造义渡大船14只，雇备渡夫，随到随渡，不收取船钱。义渡船的船舱上写明"义渡""不取分文"字样。义渡船自黎明至二更摆渡，遇有急事，不在此例。白昼轮载，随到随渡，夜间派两人听渡，以应急需。

义渡章程碑发现现场

义渡章程还订立了安全条款。因渡船之设,原以利济行人,而河水泛涨之际,即应封渡,以重人命。况牛佛渡河面宽阔,涨水时难以横渡,稍有不慎唯恐失事。故议定,当水封大石包时,即行停泊,过往行人不得强迫首人、船夫闯渡。渡船只推横江,不推利水,且船不离渡,不得挪移别处码头装人载物。突发大水,随岸停泊。

由于义渡设立之后,工资船费等需用甚巨,且事期久远,因此对于经费来源,义渡章程中载明了确保义渡永续运行的办法。其一,以王三畏堂等绅商的捐资为基金,按年生息作为义渡经费的主要来源。其二,请求官府给发官斗二张、官秤一杆,交北岸首事轮流掌管,薄取微资,以支付船夫薪酬。设官斗、官秤后,无论船运、人挑米粮、杂料,糖、炭、山货、杂货,以及应秤应量之物至北岸义渡过渡,完成交易后,酌取斗资、秤钱。只取卖主,不取买主。储存的米粮及过路未卖者不取,以此来补充义渡经费之不足。此所谓取之于民,用之于民。

牛佛义渡极大地方便了两岸民众和过往商旅。因义渡闻名,招来更多客商,进一步促进了牛佛地区的商贸发展和经济繁荣。自然而然,川盐东运也获得了极大的便利。牛佛义渡自清同治年间始,至 20 世纪 50 年代初,存续了 80 多年,在历史的长河中书写了美好的一页。

义渡章程碑 牛佛义渡章程碑自同治六年(1867)四月初四起,刊立于牛佛渡北岸码头。20 世纪 50 年代义渡废止,碑被村民搬去打造猪圈,后被弃置荒野,故均有不同程度毁损。2008 年在牛佛镇金星村山野中发现第一块义渡章程碑，之后又在别处找到第二块，两碑合璧而为义渡章程的完整内容。义渡章程碑为黄浆石质，规格同为：高174 厘米、宽 87 厘米、厚 14 厘米。以下所附碑文是经考据整理而得。为方便读者阅读，改排横式，使用简体字并加注标点。文中方框（□）为损毁缺字，方框内空心文字系根据上下文推测而得，方框内实心文字系根据残存笔画补入。

碑一

直隶州用署叙州府富顺县事大足县正堂加五级随带加三级记功三次纪录十次罗　为增设义渡以资利济事

职员王三畏①、李陶淑②、王余熹、王培信、王美五、王裕祥、王裕麟、胡承梁、杨向荣、颜椿、李人瑞、曾成宪、颜怀惺、颜裕隆、颜□□、王大生、张长泰、冯尚义、李大生、王敦信，义渡首事金光汉、郭茂园，北岸地主金宗祠，东岸地主喻集庆呈称：缘治北七十里，牛佛渡系邑巨镇，地当冲要，镇北隔江一道，直达荣富两厂。每值江水泛涨，人多船少，常遭覆溺。兼之北岸人□□□□斗升□米粮，冒险过渡始能买食，情实可悯。

---

① 即盐商王三畏堂，借指王朗云。
② 即盐商李陶淑堂。

乾隆年间兴设渡船二只，不敷运送，码头地窄，不便停泊，以致小船□□把持勒索，行人苦之，历年已久。今蒙仁廉访闻积弊，亲往察勘，谕令首人设法办理。地主金宗祠、喻集庆等愿将码头任随义渡船只停泊起载，并约职王三畏及两岸首事、绅商，公同筹缮在于两岸置造渡船拾肆只，雇备渡夫随到随渡，不取船钱。不但利济行人，抑且慎重人命。约计一年工资船费需用甚巨，事期久远，计必万金，协恳仁廉给发官斗二张、官秤一杆，交北岸首事轮流掌管，薄取微资，以资船夫口食。职等均愿仰体德意，踊跃捐资，按年生息，以免掣肘。事期久远，所有请设斗秤，造就、呈验、较准、颁发，以恤民劳而昭详慎，并恳出示镌碑，以经久远。行旅居民均深感戴等情。职等议章程一纸，据此查该。绅王三畏等因牛佛渡北岸，系属隔河，每遇江水泛涨，居民冒险过渡买米，覆溺堪虞，在于北岸请设官斗、官秤，收取微资，以助渡夫口食，并愿捐资，按年生息，两岸置造渡船拾肆只，以作义渡。往来行人以及装载货物，不取船钱分文，以杜勒索、刁难等弊，并据金宗祠、喻集庆等，愿将两岸码头任随义渡船只停泊起载。似此善举，实可嘉！尚除将斗、秤较准，给发并详请各宪立案外，所有议定章程合行出示晓谕，为此示仰牛佛渡过渡人等知悉。首事、绅商等心存利济增设义渡，嗣后官商士庶以及装载货物过渡，均系随到随渡，不取船钱分文，各宜禀遵毋违。特示！

计开增设义渡章程

一、 牛佛渡增设义渡，两岸地主愿将码头、地面义让会上，不取分文。嗣后，永不得借口地主从中把持，以坏义举。

一、 绅商捐银一万余两，仍交厂绅轮流经管，每年生息钱一千。余钏必须选择殷实之家，上保下接，如有亏短，不得□□。

一、 放出未收，立即责令该管之人本利一并赔还，以重公项。每年报首算账，定以十月初一日为准，以便给发义渡费 项。

一、 北岸建修公所，每年公举首事二人，轮流经管渡夫工资，以及斗秤行用、补验船只等事，不得稍存私心。其验□□□□以及船夫工资，该首人按季赴厂领发。报首算账，每年亦以十月初一日为准，并不改期。缘渡名牛佛，是□□□□□。

碑二

□□□所有□□皆得与□□□□□□闻也

一、置造渡船拾肆只，每只平水雇渡夫一名，大水酌情增减，每名每月工食钱 叁 千文，□□渡夫或勤或惰，应由□□□随时雇遣，并无顶打口岸之说。白昼轮载，随到随渡，不得借故推延，更不得 串 勾小船取钱致于禀究；夜间□□□派二人听渡，遇有飘荡船只，及船中遗失货物等情，责成听夜者赔还。

一、增设渡船拾肆只，船舱上各写"义渡""不取分文"字样，分泊两岸，轮流转 载 。不准卖渡小船混泊帮内，□□□扰其义渡船只。自黎明起，至二更为止，遇有急事，不在此例。

一、渡船之设，原以利济行人，然河水泛涨之际，即应封渡，以重人命。况牛佛渡河面宽长，大水难于横渡，稍 有不慎，惟 恐失事。议定水封大石包，即行停泊，过往行人不得向首人、船夫估 逼 闯渡。

一、船只推横江，不推利水，且船不离渡。不得挪移别处码头装□□□物。水 泛涨 ，随岸停泊。

一、北岸请发官斗二张，无论船运人挑米粮杂料 至 北岸义渡， 售出者 听其自便，每斗取斗资钱贰文。取卖主，不取买主。存米粮仍归卖主，过斗之人不得沾其颗粒，过路未卖者不取，以助义渡经费之不足。

一、北岸请发官秤一柄，凡糖、炭、山货、杂货以及应秤之物，在北岸义渡发卖者，听其自便，每糖百斤酌取秤钱□文，每炭一包酌取秤钱贰文，每山货、杂货百斤酌取秤钱四文，过路未卖者不取，以资义渡经费之不足。

右谕通知

同治六年四月初四日

实刊牛佛渡北岸码头晓谕勿损

3 富顺糖市与中国银行

在富顺县，牛佛种蔗早于全县，牛佛产糖亦早于全县。明末清初，因长期战乱，田园荒芜，四川甘蔗已绝种。清康熙十年（1671），福建汀州府商人曾达一入川贩卖珠宝，发现川中无蔗，次年带来蔗种在内江龙门镇种植，三年后就有成片的甘蔗地出现。

康熙十六年（1677），地主郭洪洲叫龙爪寺的佃户陈应之从内江龙门镇梁家坝引进小芦蔗种植，次年扩大到林家坝等地小块零星种植。物以稀为贵，佃户种的甘蔗全交地主享用，一亩甘蔗抵三亩地租。新年正月，耍龙灯的人来贺年，老板以尺量蔗，分给每人五寸甘蔗尝味道。远近的地主财东闻讯后纷纷以高价购种，甘蔗遂逐步扩散到大河坝、晏家坝、谢家坝、肖家坝、张家坝、湖泗坝、曹家坝等区域种植。当时稍有钱的农家都风行以蔗种作为礼品互赠，从而形成了种蔗热，促进了甘蔗种植的发展。

甘蔗多了，食用方法便从人口嚼渣咽汁变为石臼碎蔗取汁来饮用。康熙二十二年（1683），陈应之发明牛拉木碾压蔗取汁法，蔗汁经熬煮碗装冷却，制成碗碗糖。郭洪洲随即将陈应之聘为管事，令其教督佃户制糖。制糖技术传开后，在收砍甘蔗时，便有人就蔗地置起木碾，用牛拉碾取汁，且于地边修灶燃蔗叶明火熬制黄糖。蔗糖产量逐增，容器也由碗装改为桶盛或竹编糖包，成品称包子糖、桶子糖，但都是单一的紫黄色糖，统称红糖或水糖。靠种甘蔗熬糖赚了大钱的地主，在龙爪寺建起了观音庙（后称此庙为老观音）。

18 世纪末，牛佛逐步形成了规模化的土法制糖作坊和成熟的生产工艺。《四川劝业统计》记载，清宣统元年（1909），富顺县种蔗 3400 亩，产清子（即糖清）2250 万斤，外销红糖 1503 万斤、白糖 72 万斤。其时，全县制糖作坊 785 家，牛佛地区的作坊和产量就占了全县的一半。

牛佛之糖，清末已成大宗商品，运销宜昌、沙市、武汉及两广。然而，那时富顺糖市设在县城，糖坊老板或糖商需要用人力把糖抬到河边，再雇木船运往富顺。富顺大南门外河坝边，每年冬春搭棚堆放食糖，棚户之间形成市场。客商的简便木棚，把南门河坝空地分隔成若干条街道，食糖堆积如山。应运而生的茶、旅、酒、饭等店铺一直延伸到板板桥。相连的新街、河街，有烟帮、纸帮、米粮帮等各种大型店铺。时值严冬，城内已更深人静，糖市犹灯火通明，人声鼎沸。时有四大堆栈（糖栈），各有名号：杨树森的协和栈、卢集贤的协胜栈、曾纪章的鼎兴栈、舒月亭的复兴栈。各栈有经纪人、账房先生和其他伙计三四十人。堆栈属转手经营型，年外销量达四五百吨。

专业市场的形成和发展有其必然的历史原因，与产品的主产地及交通、贸易条件相关联。据《富顺文史资料选辑》第六辑（1992）涂瑗所撰《富顺糖市为何迁牛佛》："一九三一年，城里发生一个丑闻：牛佛士绅张恩溥把胞妹张文美嫁给本县县长安纪勋为妾。张文美在成都读书，美而好学，已有恋人。安纪勋本是驻军第五混成旅旅长张志芳的军需处长兼任县长，有权有势。""牛佛退役军官廖刚旅长认为办银行有利可图，事先就与中国农民银行联系妥当，在牛佛设立分行。牛佛有了分行，富顺糖房的老板都到牛佛买卖，大有富顺糖市在牛佛之势。安张联姻后，廖刚借此机会与张联手大力撺掇，不久便把糖市名副其实地迁往牛佛。"又据同期文史资料，刘策所撰《牛佛制糖业的发展》："民国19年，张恩溥等人动议，为减少水险和运费，拟将糖市迁到牛佛主产区，得到多数糖商、经纪人和庄客的赞同。张恩溥、廖刚等向糖业公会提交议案，经县政府认可，发出公函，邀请内江、富顺的客商来牛佛进行交易。民国20年元月，糖业市场正式迁到牛佛镇。"另据李孔遗写于1995年的《六十年来富顺县的银行业纵横》一文，关于牛佛古镇设立银行和糖市迁来的时间，与涂瑗、刘策所述均有出入，其中写道："1939年6月，县城新、河两街大火灾，十余个行业的物资、设备化为灰烬，一百几十户人家无家可归，县城元气大伤。牛佛渡的糖坊老板趁机联名申请，将县城东门至大南门河坝的糖帮市场迁移牛佛渡。获得县长甘冀阶批准后，牛佛市场愈益繁荣，商品经济更加发展。为了融通货币资金，便利糖税收纳，均有设置银行的必要。中国银行内江支行乃于 1940 年积极筹设牛佛渡中国银行，在牛佛渡后街两湖会馆内①修建办公室、库房、宿舍，任命保殿森为主管员，配备行员 4 人，警、库丁、厨师、水杂共 10 人，于 1940 年 2 月 13 日开业，归中国银行内江支行管辖。"

以上说法虽稍有出入，但有两点是一致的：其一，富顺糖市迁到了牛佛镇；其二，牛佛镇较早就设立了专业的银行机构。至于设立的是哪一家银行机构，透过存留在贺乐堂门额上方，至今清晰可辨的"中国银行"字迹，答案就已明确。2014 年发现了 1941 年的牛佛银行汇兑票据，上盖印戳为"牛佛渡中国银行"。

在牛佛经销蔗糖的主要有四大糖行，即刘海东的上渠兴行、内江经纪人潘灵犀的同心行、邓富田的怡和行和金治三的均利行。牛佛的糖行与富顺原来的堆栈有两大不同：其一，糖行是常年性交易，不像堆栈是季节性的（冬春季主要是红糖和白糖，夏秋季是橘糖和漏水糖）交易；其二，糖行是纯经纪人性质的，老板或糖商只带少许样品糖入行议价，签订君子协定后看样验货。糖行要保质保量发货，保数保期付款；经费全部要从糖行账上经过，由买卖双方分担行钱。行钱按成交额计算，每包糖（200~300 斤）收行钱 3~5 角。堆栈是经营性质的。除各糖行老板（行头）外，一般还有提盘子的（负责议价、抛牌）、司秤的（负责质量监督和过秤）、账房先生、

① 应为在贺乐堂设办公室。贺乐堂大门上"中国银行"四字遗痕至今犹存。

跑街的、打杂的，共十来人。各行交易的糖，品种不讲究，唯橘糖由同心行潘灵犀的学徒游国清一手垄断，出销省外。外地人称橘糖为药糖，夏秋季节极为畅销。糖市一建，牛佛镇更加热闹。每天几百只船泊于沿岸，沿街甚至河滩露天都有饮食供应摊点，离镇 5 里即可闻人们的嘈杂声。

为了保障糖业经营者的利益，各糖行老板联合起来，自愿组成糖业同业公会（俗称糖帮），在镶边场（现服装厂内）设办事处。糖帮由张恩溥、陈天锡提头，由洪兴云、金树贻、卢翔高等人组成理事会。胡伯芬任办事处秘书，负责日常事务工作。民国中后期，理事会由曾树之提头，尤玉文、洪兴云、张乐加、欧仲伦、金树贻、卢翔高、郭光南、金树怀等人为理事，秘书还是胡伯芬。新中国成立后，糖帮改制，组成新的制糖公会，由刘贤俊任主任，钟光玉、郭玉文为副主任，宁兴尧、陈世锦等为成员，隶属富顺县工商联。除了糖商自发组织同业公会外，政府也加强对糖业市场的管理。1942 年，国民政府财政部颁布《战时食糖专卖暂行条例实施细则》。同年 8 月 18 日，富顺县政府发布训令，在牛佛镇设立食糖专卖局。专卖局机关设在田冲头李家祠堂，由黄培一任局长，业务科长程工棋，总务科长吴明堂，会计曹文沛，加上工作人员共 20 人。专卖局的主要职责是审定购销价格，负责按 15% ～ 20% 的比例征收厘金，并在禹王宫舞台楼下建立交易所代替各糖行的业务。交易所由金少怀提头，工作人员只有刘海东、游国清，其余糖行人员全部失业。

1944 年，中央财政部统征专业税，税率高达 30%，随后在牛佛设立货物税局，履行统征专业税职责，一并取代了食糖专卖局的工作。货物税局在油坊街禹王宫设立机关，由张文奎任局长。在当时币值变化无常的情况下，税局审定的糖的销售价往往低于成本。糖坊老板为了转嫁损失，采取原料进价由糖帮议定报税局批准的办法，使用分级收购、顶买青山、倒扣利息、大秤吊进、拖欠蔗款等手段，对蔗农进行盘剥。蔗农以少种避其害，直接影响了糖业的发展。货物税局取代专卖局后，交易所随之取消，牛佛四大糖行相继复活。邓富田恢复了怡和行，游国清代替潘灵犀重开同心行，刘海东继办上渠兴行，金治三恢复均利行。

4 地下斗争与自贡市委

1927 年 10 月，由于中共地下组织不断扩大，党员人数增加，为适应斗争形势和发展需要，中共富顺县特别支部委员会成立，直接受中共四川临时省委领导。同年冬，富顺县"特支"派丁若虚、范襄屏负责建立牛佛渡支部。这是牛佛镇最早建立的中共党组织。

1930 年 5 月，中共牛佛区委成立，下辖 4 个支部，牛佛街村支部属其中之一。同年 10 月，因区委委员廖次东被捕，区委改组为支部。

1934 年 12 月，根据省委指示，内江中心县委迁至牛佛渡，改组成立自贡中心市委，并将内江划出，组成内（江）隆（昌）特区。自贡中心市委管辖荣县、威远、富顺、资中 4

县党组织。1935年1月，自贡中心市委先后调派周民从、刘烈伟、曾直夫整顿牛佛渡党组织，建立河东、河西两个区委，直属自贡中心市委领导，共辖9个支部。1935年3月，河西区委委员李安澜组织"兜米"斗争，事泄被捕；5月，河东区委书记郭锐贤被捕，两个区委均遭破坏。5月，自贡中心市委机关撤离牛佛渡。

5 征粮剿匪与牛佛之战

1950年，富顺县域内匪患猖獗，解放军部队粮食奇缺，县政府机关亦面临缺粮断炊之危。泸州专署向富顺县下达征集500万斤粮食支援前线部队的任务。国民党残余势力与原地方武装相互勾结，占山为王，阻挠征粮，甚至枪杀解放军战士和征粮工作队干部，给新政权带来极大威胁。面对严峻形势，富顺县集中全力开展征粮剿匪工作。

1950年4月8日清晨，前牛佛镇镇长廖湘凡纠集黑石场（今富顺县永胜乡）土匪欧伯林及隆昌黄家镇土匪"李茄子"（外号）、"花肚皮"（外号），带领2000余人，打着"救国游击队"旗号攻打牛佛镇，并占领了牛佛区政府。驻守牛佛镇的征粮工作队解放军143团战士仅有几十人，与匪部展开激战。因势力悬殊，解放军退入后山坡碉堡中固守。次日晨，解放军增援部队赶到，内外夹攻击溃匪部，并追击残匪十余里。

在一天一夜的激战中，解放军143团景旺、宋荣山、姬宏顺、周富贵、张银贵、赵思洪、唐玉祥 7 名战士在战斗中牺牲，击溃土匪 17 股，击毙 75 人，打伤 11 人，俘虏 7 人。

6 天堑通途与沱江大桥

牛佛地处沱江下游，是自贡市东郊重镇，水陆要塞；是内江、自贡、富顺、隆昌 4 个县市的水陆交通网络中枢，自古以来物资丰富，市场繁荣。但因有沱江相隔，牛佛经济发展受到严重影响。尤其严重的是牛佛沱江渡口，每逢赶场和传统节日，更是无法满足成千上万群众过河的需求，横渡码头拥挤，常有行人或货物被挤入江中，直接威胁过往群众的生命财产安全。为此，群众纷纷要求修建牛佛沱江公路大桥。牛佛区从 1984 年开始积极筹划修建大桥。1986 年 11 月 26 日，自贡市计委批准立项。1988 年 5 月 5 日牛佛沱江公路大桥破土动工，1991 年年底竣工，12 月 5 日举行通车典礼，1992 年 1 月 1 日，开始行人通行。

牛佛沱江公路大桥按二级道路标准修建，全长 500 米，系预应力钢筋混凝土旋背桁架薄式拱桥，桥面宽 11 米，其中车道宽 7 米，2 条人行道各宽 2 米，承重能力 1000 吨。主桥净跨 380 米，桥头引道 210 米。大桥建设采取"民办公助"的办法，牛佛区筹集资金 60 万元，富顺筹集资金 40 万元，其余由省、市补助。自贡市建设银行提供贷款解决部分资金，贷款利息由养路费分成补贴；贷款的偿还，由大桥通车后收取车辆过桥费解决。

牛佛沱江公路大桥施工现场

牛佛沱江公路大桥的建成，沟通了川云中路、自隆公路，避免了车辆绕道行驶，对加速自贡市和川东、重庆等地区交流合作，发展旅游事业，促进经济发展等方面均具有重要作用。

7 国士乡贤与能工巧匠

郭珠（约1458～约1534）字明远，牛佛镇（今群力村）人，明宪宗成化十六年（1480）庚子科举人，丁未（1487）科进士。他曾任陕西行人副使，晋亚中大夫、奉议大夫、工部营缮司郎中、太仆寺少卿，又任云南按察使。他为官正直，享年76岁，葬于群力村郭家坝石柱湾。墓室于1989年被盗，大量随葬文物流失或毁坏。墓室至今犹存，规模宏大。墓室内有

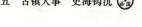

巨型石柱，雕龙刻凤，栩栩如生。墓志石刻镌有"西行太仆寺卿郭公墓志"字样。

林际春 字竹虚，牛佛镇人，生卒年待考，清同治甲子（1864）科举人，乐善好施，饱读诗书，学富五车。他为人品行高洁，为文则意境深厚。林际春曾任自流井东新书院主讲，培养了众多有识有才之士。他热衷于公益，好行造福桑梓义举，成果卓著，可圈可点，在设立义渡、建祠收族、倡筑人和堡以护卫乡里等方面都做了大量工作。

宋育仁纂《富顺县志》评价林际春曰："行谊端粹，制艺文境深厚，主讲东新书院，甄陶甚众。其他建祠收族、义渡利涉、倡筑人和堡以卫乡里，皆卓然可传。"

张笑山（1851～1916），名同春，字笑山，号益兴，牛佛镇人，清封中宪大夫。牛佛镇益兴灏创始人。

张笑山幼时家境寒素，以农耕商贩为生，后渐事酿酒、制糖等业。张笑山俛得俛失、艰阻备偿，屡遭洪水，漂泊空室。然而他壮志不衰，坚忍逾力，遂日渐富有，亲手缔创宏伟基业，声华渐著。其时，牛佛渡乃水陆枢纽，烟火鳞集，商贾辐辏，人们常常因各自利益而致纷争诉讼。张笑山为人侠义耿介，经常被邀请主持公道，皆令纷争双方信服，众口称颂，被推举主理本乡要务。张笑山斥巨资于菜子会、汀州会、财神会等，总理财政事务。张笑山多年努力，积微成巨，其经验不仅被推广，还被其他行会所称道。

致富非难，好义难！对于张笑山的功德，乡人敬仰有加，清廷特准捐授中宪大夫（正四品）衔。张笑山临终之前数日，仍然兢兢业业地处理闽庙事宜，没有丝毫荒怠。逝后，卢庆家自称通家愚弟，为之撰诔文曰：

> 洪河涓流，为山篑覆，猗欤先生，履信天佑，先世寒素，中遭李寇，躬任其难，会与时遭，辣蘖托始，糖霜继之，再蹶复振，大起宏规，季布然诺，彦方畏知，俨兮若容，老丹是师，钧是闽人，香火同龛，酿金作会，并为弋谈，谊如山重，量若海涵，新庙奕奕，铁肩独担，惟此新庙，煌煌缔造，微君黝垩，楹桷寖耀，庶几遐年，明神所劳，如何奄忽，转贺为吊，呜呼哀哉，禹君丹桂，逊君六子，绕膝孙曾，环顾而喜，一毛五色，一日千里，厚积所流，景福介尔，时方多事，南方绎骚，岂曰无衣，与子同袍，震惊我里，忧心忉忉，伤哉嗣君，公私焦劳，嗟时之人，左右罔利，苟利于身，遑恤携贰，伟矣先生，慷慨任事，规画始终，死生不易，世变日亟，岸各频迁，虽有善者，孰扶其颠，有劳不施，曰惟君贤，君则已矣，芳流弃捐，仁焉而终，义焉而毙，天不憖遗，歼我明哲，触景追往，感怀伤逝，摭此崖略，敢告来世，呜呼哀哉！

卢庆家 (1853～1933) 原名鸿遇，字翊廷，后更名庆家，晚号逸叟，著名教育家，牛佛镇藕塘村人，后迁居富顺县城西湖畔。卢庆家出身于书香门第，祖父卢心能系孝廉方正，八旬犹能作细楷。卢庆家自幼聪敏好学，勤奋求知，青年时期即已学识渊博，经史文章，无不富瞻精到，为时人所重。

清同治十年（1871），卢庆家考中秀才，光绪二年（1876），中举人。时张之洞督学四川，考核学业，连举优等。卢庆家入北京游学，师事浙江籍礼部侍郎黄漱兰，师长友人均称其能文，以为取功名如反掌。不料时运乖蹇，屡试败北，七应进士而不第，两经举人大挑只得二等，补授西昌教谕兼宁远府教授。在其任教职期间，呕心培育人才，使当地文风为之一振。奖掖后进，不遗余力，生员屈之春笃学能文，因言获咎，郡县官员抑而不举，卢庆家慨然以优行荐之为贡生。后其调任华阳教谕，又转任资州学政，均有声誉。卢庆家性格廉介，担任府试监督时，一切请托概予谢绝，为州人敬重。

光绪十八年（1892），祖父逝世，卢庆家回籍居丧，被富顺知县陈锡鬯聘为自流井炳文书院山长。卢庆家治学严谨，不立门户，常谓"读书必先立品"，尤其爱护穷苦生员。主持书院十余年中，人才辈出，所教学生，中秀才者百余人，中举人、进士者十余人。在自贡地方近现代名人中，谢玮颓（奉琦）、雷铁崖、廖绪初、李宗吾、张光厚（荔丹）等均出其门下。

光绪二十四年（1898）八月初四，时值戊戌变法期间，卢庆家委托"戊戌六君子"之一的富顺同乡刘光第代呈奏章《四川叙州府富顺县举人卢庆家呈（军）》上奏光绪皇帝。奏章中，卢庆家力陈吏治腐败、公牍稽迟等种种弊实，虽深恐变法已迟，大局难挽，但仍出于良知，"不揣梼昧，谨献刍荛"，以促变法维新，革除积弊。宣统元年（1909），卢庆家被县人荐为四川省咨议局候补议员，任期至宣统三年（1911）七月。宣统二年（1910），他参加朝考得一等，特被升用知县，调任广西省署明江厅同知兼土思知州。莅任未满百日，辛亥革命成功，卢庆家遂去职返川，回到富顺。回县后，已年届六旬，他赋闲居家，终身不履邪淫，不近声色，日唯以读书著述自娱，手不释卷。他乐于助人，凡人有所求，如力所能及，无不尽力而为。有被地方长官枉捕蒙冤者，或判处死刑尚未执行者，往往请为申雪，经其营救得免者，不下十余人。因其公正廉直，好济人难，不仅为县人敬仰，历任知事亦多倚重。

1917 年，巨匪刘方廷率众千余人攻打富顺县城。卢庆家建议每户出一人守城御匪，为县知事李经权采纳，终击毙匪首，城得保全。次年，闻滇军欲入城搜掠，事前城绅聚会商议保民策略，卢庆家献计："滇军畏惧洋人，借文庙为川主堂，请法国神父某司铎主持"。滇军入城后，见外国神父主事，不敢抢掠，县城赖免兵祸。1920 年，卢庆家受聘为《富顺县志》总纂，嗣后由宋育仁监修。1931 年，《富顺县志》付梓，成为川省名志之一。

卢庆家身材不高，记忆力特强，学识深邃，工书法，其书法笔工字正，早年兼学苏体，中年取法六朝，笔意隽洁。其不仅省内知名，且名播江浙，远道求书者甚众。卢庆家善为联语，用典贴切自然，对仗工整，如代挽杨晖之（四川前省长杨沧白之父）联云："笔花墨雨遍天涯，有盛德留贻，继起相辉耆旧传；虎视龙兴等棋局，愿神州底定，精灵长护党人碑。"挽雷铁崖联云："从我皆不及门，道德无权，南望海天几人杰；嗟君何可再得，文章有价，西湖风月一诗僧。"论诗，他则极力推崇陶渊明，认为陶诗境界最高。著作有《宋元学案会要》《官窥录》

《自新语》《虚白斋诗集》《集思堂诗集》《袭渔堂诗集》《庚午随笔》《集思堂随笔》等诗文集数十卷。

1933 年，卢庆家病逝于富顺西湖仓圣庙家中。其家族宗祠位于本镇烟墩坝，至今犹存，已被批准为大安区文物保护单位。

李安澜（1909～1937）牛佛镇檬子坳（今权利村）人，1929 年考入内江中学。在内江读书期间，他受到革命思想影响，积极参加学生运动，被当局逮捕关押月余，后被学校默退。李安澜辍学回家后在牛佛镇湖泗坝小学教书一期（半年），第二年考入富顺县立中学（今富顺二中）继续读书。1930 年他在牛佛渡加入中国共产党。李安澜在县中修完三期学业，未获毕业证书，于 1933 年返回家乡檬子坳从事农民运动。

1932 年 5 月李安澜担任中共牛佛街村支部书记，10 月任中共河北乡支部书记，1932 年至 1933 年 2 月，任中共祝家寺支部书记，1935 年 1～3 月任中共河西区委书记兼金山寺支部书记。在此期间，他与牛佛的中共地下党员一同积极开展农民革命运动。1933 年河北乡檬子坳秘密成立牛佛地区农民协会（简称农协会），李安澜被推选为农协会负责人。

李安澜与郭锐贤、朱少良等中共地下党员经常活动于牛佛镇、祝家寺、金山寺、横店子、瓦宅铺、高石坎等地，以各种方式宣传农协会，并动员农民参加。农协会发展迅速，短时间内会员达到 3000 人以上，拥有手枪 2 支，手榴弹多枚，油印机一部。农协会分为 125 个组，每组 30 人，5 人一个联络小组。牛佛农协会办公室设在风箱坡李仿初家。

1934 年，中共内江中心县委迁至牛佛，并成立中共自贡中心市委。牛佛中共党组织力量较强，因此，中心市委以牛佛为中心开展工作。1935 年春，李安澜、郭锐贤等决定组织农民在牛佛镇进行"兜米"斗争，时间定在农历二月初三。斗争由李安澜领导指挥，他们欲趁牛佛镇逢场之机，以信号为准举事。随后，中共地下党员进行了广泛的宣传、动员和组织工作。回龙场、庙坝场以及内江椑木镇、龙门镇、黄家场等地都组织了农民参加。举事当天，正当以上 5 路数千人从四面八方向牛佛集中之际，不料事机被保长李济斋获知并向牛佛团正廖炳维告密，李安澜在牛佛众贤居茶馆被捕。李安澜的妻子带着儿子到富顺县监狱去看他，在乘船返回牛佛途中，船在龙口子翻沉，母子同时遇难。李安澜闻讯后悲痛万分，更坚定了与国民党斗争的决心。当局利用叛徒章淑谦、欧宜伯劝降李安澜，他义正词严地痛斥叛徒。面对酷刑，他也守口如瓶，没有泄露半点机密。关押半年后，李安澜被判处有期徒刑 6 年。

在狱中，李安澜利用在工场和下工回监时机秘密串联，采取各种形式启发、教育狱中难友。李安澜与郭锐贤、朱少良等中共地下党员商量，决定越狱。大家公推李安澜为越狱行动总指挥，并且商定了周密的行动计划。李安澜提出，首先夺取看守警察的枪支；然后冲出监狱，攻占银行；过河到东街夺枪；而后到李家湾夺乡公所的武器；最后把队伍带到兜山山区打游击。

1937 年农历二月二十三日，越狱行动在李安澜指挥下提前进行。李安澜与袁清和在冲上楼去夺枪时，被枪弹击中，壮烈牺牲。由于与监狱外的中共党组织在越狱时间安排上没衔接好，外围无人接应，越狱宣告失败。李安澜的遗体被狱警刺刀乱捅并剖腹后，抛于望湖楼下。1987年5月14日，四川省人民政府追认李安澜为革命烈士。

陈克勤（1906～1938）字茂智，牛佛镇河北保17甲（现红旗村五组）人。他出身于书香门第，十个兄弟姐妹中排行老三，从小聪慧，饱读诗书，写得一手漂亮好字，数理尤其出色。陈克勤17岁投笔从戎，考取四川万县讲武堂，成为一名军官，并立志报国平天下。在那个军阀混战的年代，他始终在追求救国救民的真理。

1926年入国民革命军第20军政治学校学习。该校的办学宗旨是："将本军优秀分子，纯正军官，选送入校，灌输军政学识，团结进步精神。"此时，陈克勤任上尉副官。毕业后，他被派往重庆广阳坝军官教导团任教官。几年后，为加强基层连队建设，他又被派往四川什邡任炮兵连连长。

1937年7月，抗日战争全面爆发，陈克勤以炮兵少校营长衔，奉命到重庆带兵出川抗日，奔赴江西抗日前线。其时，山河破碎，国难当头，陈克勤满怀报国之志，将情深意笃的娇妻和尚未满6岁的儿子托付给兄嫂，慷慨悲歌，誓死报国。

1938年7月，武汉保卫战展开。日军第11集团军波田支队在九江东面的姑塘登岸，26日九江失守，波田支队沿长江向西推进。时陈克勤为杨森第20军133师炮兵营营长，在参加"淞沪抗战"后换防驻守江西瑞昌至武陵一线。不久，西进日军进攻武陵。日军以优势兵力，突袭陈克勤所驻守的防区，陈克勤率部英勇还击。由于川军装备极差，战斗残酷而惨烈。在日军强大的火力攻击下，133师炮兵营全体官兵虽殊死搏斗，终因寡不敌众，大部分壮烈殉国。陈克勤在战斗中身先士卒，身中9弹，英勇就义。

卢文钜（1871~1948）字铁铮，牛佛镇藕塘村库楼坡人，卢庆家长子。他少年好学，兼得父亲谆谆教诲，学识大增，岁科两试，名列前茅，成为县学廪膳生员。卢铁铮与李宗吾、雷昭仁（铁崖）、张光厚（荔丹）、张志（易吾）等同学，被四川省学政选拔为贡生入国子监学习，后卢铁铮应顺天乡试中举人，光绪三十三年（1907）参加会考，朝考一等钦点礼部主事，光禄司帮主稿兼礼部学馆校对官。

卢铁铮在清末即加入了同盟会，民国初年入燕京大学攻读法律专业，与沈钧儒同学，毕业后任直隶高等审判分厅推事。1925年10月张宗昌入鲁督办军务，非法惨杀山东高等审判厅厅长张志，卢铁铮代行山东省高等审判厅厅长之职。1927年因与张宗昌政见分歧，辞职返川。返川途中，他与家人离开上海至重庆时，见中国客船上竟悬挂美国国旗，卢铁铮大为感慨，他在日记中写道："钟馗降鬼已稀奇，更叹中船挂美旗！"从济南到上海，他亲身经历了中国海域由日本商人经营而中国无权过问的"国耻"现状。1928年，卢铁铮任自贡地方法院院长，1930年调任四川省高等法院第一分院首席检察官。1936年辞职，他与沈钧儒在重庆共同创办昭明律师事务所。1938年卢铁铮调任铜梁县地方法院院长，后任贵州省遵义地方法院院长，1941 年年老辞职回家，后致力于文化教育事业。年过七旬，他仍受聘于富顺女子中学，兼任县图书馆馆长。

卢铁铮自少年时代起，经历了清末以来的屈辱年代，养成了关心国家民族的高尚情操。抗战期间，虽年过七旬，身居后方，但对半壁河山沦于日寇，常忧心如焚。1944 年冬贵州独山失守后，他感叹："如倭寇长驱，我辈成仁取义理所当然！但亿万生灵涂炭，泉下亦难瞑目也！"冯玉祥将军偕夫人李德全来富顺主持"抗日救国献金"运动，卢铁铮挥笔赠联："将军着布衣，远万里，募捐救国；民众拱双手，奔走相告，踊跃献金。"

卢铁铮善诗联，工书法。他为富顺县银行撰联云："百川汇海来源众，一县栽花满地春。"他的诗流畅自然，可惜大多在"文化大革命"中遭劫无存。兹录《西湖远眺》一首："红荷绿柳映碧天，松涛回荡水漪涟。同心观顶霞初落，玛瑙山头峰欲燃。"

1948 年冬，卢铁铮病逝于钟秀山仓圣庙家中，享年 77 岁。富顺中学国文教师余贯文作挽联赞曰："读律书，秉公执法，一丝不苟；遵古训，廉洁居官，两袖清风。"

肖叔昌（1895～1961）牛佛镇人，在家族中排行第七，人称肖七爷。他为人谦和，奉行"宁亏己莫亏人"的处世原则，在商界口碑极佳。1944～1949 年，他被推举为富顺酱园同业公会理事长。

1914 年，年仅 19 岁的肖叔昌便在富顺县城与张季仁、张季伦兄弟合办富顺花园湾鼎和酱园，所产晒醋深受欢迎。20 世纪 20 年代，陈竹昆等人将醋从水路输往成都，在提督街开办"精益醋庄"，名噪锦城。1923 年，肖叔昌独资经营酱园业务。为充实酱园周转资金，将老业 16 石租谷土地出售。有了充裕资金，又在马家冲酱园内开设干面房，率先生产机制面，产品质量好，颇受县人好评。同时，他与龚全延合伙在沱江杨柳滩（福源灏下）做大磨船推面粉业务。1940 年 3 月，日本飞机轰炸富顺县城，肖叔昌将马家冲酱园迁回牛佛，命名为"文川酱园"，兼营油酒业务。文川酱园的酱醋及调味品均来源于鼎和酱园，实为鼎和酱园的一个庄号。鼎和酱园的产品在富顺县占有近 1/3 的市场份额。20 世纪 50 年代，肖叔昌积极响应政府号召，将旗下企业全部进行了公私合营改造。

廖介维（1900～1975）牛佛镇湖泗坝人，号釜江钓叟。1911 年廖介维就读于内江小学，1915～1920 年就读于富顺县立中学校（今富顺二中），1921 年考入成都高等师范学校艺体专业。1923 年秋毕业，他受聘于大竹中学任教，开始教书生涯，曾先后在渠县中学、江安中学、隆昌中学、射洪中学、富顺中学、慧生中学等校任教 20 多年。在教书生涯中，廖介维主张"教书不但要教学生学识，还要教心"，忠于孔子的"有教无类"思想，认为"不论贫贱，作为孩子都有权利受教育，老师都应该把他们教好"。他爱生如子，尽力帮助学生，为学生解难，加上自己本身多才多艺，集拉胡琴、唱京戏、川戏、下围棋、象棋，绘画等技艺于一身，深受学生喜爱、尊敬，甚至崇拜。

　　廖介维不仅是一名教师，还是一位中医名师。《富顺县卫生志》对廖介维的评价是："待人诚恳，和蔼可亲，医德高尚，对病人体贴入微。" 1939 年，他在广东省五华曾天治门下学习针灸，回县后就开始免费为人治病，1950 年前后，在牛佛镇挂牌行医，1952 年在牛佛卫生所任医师，同年参加卫生协会，并任牛佛分会主任。1958 年秋，廖介维被调到富顺县人民医院中医科工作，直到 1973 年退休。廖介维是富顺县针灸治疗的开创者，本县在针灸领域有所建树的陈谋玉、陈文彬、陈挥乾、喻葵清等皆出其门下。廖介维在针灸方面采用中医的理论进行辩证医治，根据诊断结果按照急则治标，缓则治本，标本兼治原则进行取穴，往往用远近穴位配合。由于他取穴恰当、精要，手法适当，因此治病效果很好，连聋、哑、偏瘫、小儿麻痹症的后遗症也治愈不少。他的医术从不保守，多次举办针灸培训班，培养了不少人才。廖介维之弟廖纲鲁是美国著名针灸医师，华盛顿针灸学会执行主席，在其自述中亦称"早年受兄廖介维影响而学习中医和针灸"。

　　廖介维在中医方面长于内科杂病，对儿科杂病诊治也颇有效验。他在诊断时望诊仔细，对舌色舌质观察十分审慎；问诊耐心、态度和蔼，病人总愿详述其病状；切脉时反复比较，非常认真。由于诊断准确，因此处方简练，能对症下药。喜用经方而又不拘于经方，常在等份的一两味药量上稍作加减，独得其神效。主张"行医以活人，不分富与贫"。在处方用药上他主张"医术要验（有效）、便（药物方便）、廉（价钱廉），以适合广大群众所需"。

廖介维的国画在富顺也享有盛名。1931 年廖介维在隆昌中学任教时曾出过一本画集,由荣宝斋石印刊行。全集 32 幅花鸟,每幅画配诗一首。廖介维的国画以鹰著名,所画之鹰常是展翅腾飞,栩栩如生,人们送给他一个"廖岩鹰"的雅号。

1973 年退休后,廖介维凭借一生行医经验和研究所得撰成医学专著,有《内科杂病》《儿童杂病》《针灸讲义》等,还有《廖氏医存》。1975 年,廖介维因癌症病逝,享年 75 岁。

廖纲鲁 1911 年出生于牛佛镇湖泗坝,1929~1934 年在四川大学攻读文史专业,获文学学士学位。他毕业后到重庆任教,后到南非,在华侨学校任教。抗日战争期间,他边教书边写作,常在进步作家郁达夫在新加坡办的《星洲日报》副刊上发表抗日诗文。他组织妇女会,并为妇女会写会歌《新女性》;组织侨民为抗日军队捐资筹款;组织购买"救国公债",成立"航空协会分会";动员侨民捐款购买飞机,支持祖国抗日救亡。那时,东南非洲白种人聚居地的种族歧视(尤其针对黄种人)非常严重,廖纲鲁组织侨胞联合会与种族主义者作斗争,捍卫中国侨民的尊严,赢得了应有的尊重。

廖纲鲁在其兄廖介维的影响下,刻苦学习中医针灸,创办了南非约翰内斯堡纲鲁针灸学院,亲自讲授针灸理论和方法。他是非洲针灸学会创始人和理事长,担任过民国政府驻约翰内斯堡总领事馆针灸顾问,并到南非莱索托王国针灸协会讲学。

20 世纪 70 年代初，廖纲鲁移居美国华盛顿州。最初该州认为针灸是"邪门歪道""骗术"，不予认可，指派医生对廖纲鲁进行考查。后经多方努力，廖纲鲁在华盛顿州召开的"论证针灸是否具有科学性"的会议上舌战群儒，以逻辑严密的中国医学理论说服了华盛顿州的主管官员。从此华盛顿州立法承认中国针灸，并聘其在该州医学监督委员会针灸分会任职。廖纲鲁是美国针灸协会和美国东方医学协会创始人之一，为国际针灸协会的重要成员。

廖纲鲁在针灸医术上善于把传统医学和现代医学结合起来，创造一些行之有效的新疗法，如"健康疗法"，他还发现了一些经外寄穴。为弘扬祖国针灸，他常到中国香港、台湾地区以及其他一些国家讲学行医。他所编撰的英文学术著作有《中国针灸穴位》《针灸史纲要》《针灸经略学》《针灸治疗学》等。1988 年，廖纲鲁得知牛佛镇通过公办民助方式修建沱江公路大桥，即捐资 3000 元人民币，表达了海外游子的拳拳乡情。

葛仲孚　牛佛镇月亮岩人，毕业于武汉大学，1943 年随胡公勉由成都回富顺县，就职于三青团筹备处。

1944 年下半年，日寇纠集重兵沿黔桂铁路向四川进犯，作为国民政府大后方的四川，人心惶惶，纷议应敌对策，忧国之声，溢于市野。在此危急局势下，国民政府提出了"一寸山河一滴血，十万青年十万军"的动员口号，号召知识青年投笔从戎，组建 10 个师的青年远征军（后来简称青年军，以别于在缅甸作战的远征军），并选派黄埔军校优材生到这个部队担任排、连、营、团、师长，使用盟国援华的新式武器装备，使之成为抗日劲旅，担负驱逐敌寇收复失地的重责。当报纸刊登这一消息后，富顺的知识青年，爱国不肯落人后，仅在1944年12月就有100多名青年学生及公教人员报名从军。当时富顺县张孟才兼任知识青年从军征集委员会主任，具体工作则由县兵役大队长关清泉和三青团干事葛仲孚负责。快入营前，葛仲孚也报名从军。离开县城那天，县里召开欢送大会，众人推举葛仲孚作为从军青年代表致答词。葛仲孚上台致答，慷慨激昂，当讲到"日寇陷我江山，国家危难，民族存亡未卜，我辈青年只有投笔从戎，为驱逐日寇而马革裹尸，不收复失地誓不生还"时，会场掌声雷动。

当时，青年军的编练总监是罗卓英，政治部主任是蒋经国。葛仲孚所在的203师驻泸州，葛仲孚和梁进超被推举为领队。

离开富顺前，县长张孟才曾答应凡合格入营的从军青年，每人发给5万元优待金及5担优待谷。入营后，葛仲孚、梁进超负责统一领回优待金。连长胡道桐想要把这笔钱扣在连部，但葛、梁二人抗命不遵，迅速把钱发到每个人手中。胡道桐知道后大怒，要将葛、梁关禁闭，恰值师部来电通知，将葛仲孚调往师部通信连，从而使其免于受罚。

1946年6月复员时，葛仲孚被选为代表到庐山参加全国三青团代表大会夏令营，后选入南京国防部新闻训练班，毕业后分配到青岛陆军医院任少校训导员。1948年他被调到台湾凤山机场任中校训导员，晋升上校后转业。此后，一直在台湾从事教育事业。

黄述良（1910～1977）13 岁学木匠，善小墨，犁头尤负盛名，人称"黄犁头"。1964 年春，富顺县木制小农具"比武打擂"，他砍的犁头荣获全县第一，1964 年 3 月 7 日被富顺县人民政府授予"名师名匠"称号。

他砍出的犁头呈鹅公色，犁脖子、犁把手中轴线笔直，两侧匀称。犁时深浅一致，犁出的田、土，一坯盖一坯，无坑也无凶。富顺各乡农民都愿买他的犁头。牛佛供销社把他从木器社调去，开设一农具修理门市部，每天从早到晚顾客盈门，享誉隆昌、富顺、内江及自贡市毗邻乡村。

樊松荣　出生于 1925 年，1 岁时随父迁入牛佛定居，12岁跟父亲学木工细墨，父子均善风播（车）。1956 年，樊松荣加入牛佛木器社，1964 年 3 月 7 日被富顺县人民政府授予"名师名匠"称号，人称"樊风播"。其产品畅销富顺、隆昌、内江、泸州 4 县毗邻的农村。

"樊风播"选料、制作工艺考究，其特点是穿（装）斗结实，梭斗上压六百至七百斤重物也不变形；鼓内扇子空度适宜、好风（用）；能风芝麻、菜子等。

注：除前述黄述良、樊松荣两位被授予"名师名匠"称号外，牛佛镇还有两位能工巧匠同时获此殊荣，即"金草镰"金洪章和"黄锄头"黄述清。

六 旧貌新颜 文化传承

　　牛佛古镇蕴含众多极具魅力的人文旅游资源，是国家历史文化名城自贡市的重要组成部分，也是四川省旅游南环线上的重要节点。历史上牛佛古镇是沱江流域重要的交通口岸和著名商埠，目前依然是川南大集镇之一。

　　今日的牛佛，依托着独特的区位优势和丰富的历史文化资

金牛广场商业步行街

源，以其浓厚的人文气息、安定和谐的社会环境、欣欣向荣的
城乡经济，再现着千年古镇的昔日繁华。

1 经济建设

新中国成立后，牛佛镇城乡建设得到了较大发展。特别是
改革开放以来，交通、水利、通信等公共基础设施更是取得了
突破性进展。城镇面积发展到 2.2 平方公里，总建筑面积增加
到 110 万平方米；城镇人口增至 2.5 万人；街道增至 13 条，
总长度达 9.6 公里以上。主要干道得到黑化、亮化，街道规范
整洁，秩序井然。车站码头、商贸市场、教育卫生、邮政通
信、文化娱乐、水电气等基础配套设施功能齐全，日益完善。
牛佛镇的商贸区、生活区、文化区已基本形成规模。

20 世纪 50 年代，经过减租退押、土地改革、互助合作化
运动，牛佛完成对农业的社会主义改造，促进和发展了农业生
产，同时，对私营工商业实行利用、限制、改造的政策。1957
年，全镇城乡建成以国营商业和供销合作商业为主，集体经营
商业为辅的商业体制。建立手工业合作联社，负责对手工业者
的管理和社会主义改造，初步建立起地方现代工业体系。手工
业合作企业和合作社开始向现代化工业企业发展。

1958 年，在兴修水利、开荒垦地、公路建设等方面，取
得了重要成就。但由于生产建设急于求成，生产积极性遭受挫
伤，粮食产量连年下降，致使人民生活困难。1961 年，纠正
瞎指挥和"一平二调"，实行权力下放，确定人民公社实行

"三级所有，队为基础"的管理体制；并在生产技术上因地制宜，贯彻农业土、肥、水、种、密、保、管、工的"八字宪法"，农业生产得到一定恢复和发展。"文革"期间，农业生产曲折徘徊。

1978 年 12 月，中共十一届三中全会后，在农村普遍推行以户营为主的联产承包责任制。合理调整产业结构，提高农产品收购价格，改农产品统购制度为合同订购；开发农贸市场，建立多渠道流通体制；提倡科技兴农，加强农业科技成果的应用推广和农业基础建设，使农业出现蓬勃生机。同时发挥牛佛地区资源优势，先后建立起粮食、柑橘、烘肘、食品罐头等商品生产基地。农林牧副渔各业的总产值、产量保持稳定增长，乡村企业蓬勃发展，人民生活水平明显提高。

改革开放以来，牛佛镇大力发展乡镇企业，推行多种经营体制，实行招聘、承包、租赁制，发展横向经济联合。1992年牛佛沱江公路大桥建成，沟通了川云中路、自隆公路，对促进牛佛镇的经济发展起到了重要作用。1992 年乡镇企业总产值达 259.96 万元，是 1986 年 136 万元的 1.91 倍。1993 年后，改革管理体制，改革经营体系，发展私营、联营、个体企业，第三产业得以发展。同时向外扩展，提高产品质量，增加出口创汇产品。乡镇企业成为牛佛镇主要经济支柱。2000 年，乡镇企业总产值达 1.73 亿元，是 1992 年的 66.55 倍。2006 年，乡镇企业总产值达 3.5 亿元。2013 年，围绕打造"一镇一中心一园一基地"的目标，牛佛抓机遇谋发展，全年实现地区生产总值 16.6 亿元，地方公共财政收入 1849.5 万元，社会消费品零售总额 1.4 亿元，固定资产投资 4.8 亿元。

2 古镇保护

作为全国历史文化名镇，牛佛古镇的历史文化特征主要体现为："沱江商贸大埠、川南千年古镇"。商贸文化是牛佛历史文化的主体；义渡文化是牛佛历史文化的亮点；乡土民俗、名优特产、奇人轶事、掌故传说等，则是牛佛历史文化的组成部分。

跨入 21 世纪以后，牛佛镇加强对古镇的保护，正确处理发展与保护的关系，制定了《牛佛古镇保护规划》，对镇域历史文化环境保护进行了合理分区。（1）古镇风情历史文化保护区：以牛佛古镇的"九街十八巷"为主要内容，抢救保护古建筑、古街坊、文物古迹；利用古镇、古街、古建筑、名人史事与传闻，弘扬古镇传统饮食文化，发展古镇特色旅游项目。（2）史迹寻踪文化旅游区：以牛佛古镇区为核心，展示牛佛镇域古石刻、古民居、古墓葬等相关各类历史文化遗存，将各散点纳入历史文化环境的重要组成部分。（3）沱江山水自然风光带：以沱江为主干和纽带，展示牛佛古镇所依存的自然山水风光，向北延伸联系毗邻的庙坝葛仙山自然人文景观的带状区域。该风光带青山绿水、奇峰异石，不仅自然风光蔚为壮观，还有众多耐人寻味的人文传说。

牛佛镇近年来的建设和发展，严格遵循古镇保护思路，以商贸旅游作为经济的主要发展方向。新的建设区域避开了古镇核心保护区，向张家坝方向扩展。2013 年建成的金牛广场即是典型代表，其建筑风格与古镇传统历史建筑相协调，汇聚了商贸、文化、旅游、休闲功能，作为历史街区功能的补充和延伸。与此同时，配套建设的马儿山公园已初具雏形。

矗立于金牛广场的《金牛赋》碑

3　文化传承

牛佛古镇历史绵远悠久，文化底蕴深厚。2009 年 3 月，牛佛被评选为四川省十佳魅力风情名镇；同年 9 月，荣列四川省历史文化名镇；2012 年 6 月，被列为四川省最具保护价值古城镇；2014 年 2 月，荣登中国历史文化名镇之列。这些名头不仅仅是荣誉，更意味着必须担当起文化传承的责任和义务。

山川灵秀，人杰地灵。牛佛古镇在明清时期出现过众多杰出人物，当代的牛佛也涌现出一批在全市、全省乃至全国颇具影响的书画家、摄影家和收藏家，为地方文化注入了新的活力。2013 年，收藏家陈家林以其个人丰富的藏品，在牛佛镇成功举办了首届"中国知青文化展"。其收藏事迹已被载入四川省社会科学院编纂的《当代史资料》。

牛佛古镇民间文化活动形式多样，丰富多彩，热闹祥和。2012 年，牛佛镇成功举办了"中国川南首届端午龙舟节"。来自周边及市内外的游客和观众逾 10 万人，挤满了沱江两岸。

今日的牛佛，依托着独特的区位优势和丰富的历史文化资源，以其浓厚的人文气息、安定和谐的社会环境、欣欣向荣的城乡经济，再现千年古镇的昔日繁华。

后　记

当我遇见她，就注定了今生与她结下不解之缘。她是那么的迷人，迷得人心动而神驰，迷得人夙兴而夜难寐。甘愿为之青丝染霜而无怨，衣带渐宽终不悔。她的名字叫牛佛！

第一次踏上牛佛这片神奇的土地，是 2007 年。这座历史悠久、底蕴深厚的古镇，那时还近乎一块未曾开垦的处女地。一个拥有五省八庙、九街十八巷的古镇，居然仅有一处县级文物保护单位。关于古镇的历史，散见于史籍，流传于口碑，潜隐于乡野。于是，我婉拒了深圳的诱惑，为她而停驻了脚步，留下来编纂《牛佛镇志》。因为，我不是一个追求物质财富的人，更注重享受精神层面的愉悦。那个冬天，我寓居在富顺县城一个狭小而简陋的房间里，白天在档案馆查阅档案，夜晚就在寒风透壁的小房间里整理资料，有时竟通宵达旦，以致领教了双手皲裂的滋味。

2008 年 4 月，我移寓牛佛古镇，上山下乡，访老问贤，采录口碑资料。适逢开展第三次全国文物普查，后又相继启动古镇保护规划编制及历史文化名镇申报等项工作，我躬履诸项，借机遍访古镇的山山水水。各项工作互为补益，相得益彰。2009 年，牛佛古镇被评选为四川省十佳魅力风情名镇，文物保护单位陡增至 12 处。同年，我编著的《牛佛古镇》印行，9 月，牛佛古镇被批准为四川省历史文化名镇。2010 年，《牛佛镇志》付梓，跨度自东汉而至当下，计 60 余万言。以至于新朋老友中有些人误以为我是在牛佛土生土长。辩之，仍存疑，遂心安理得地当起牛佛人来。

作为中国历史文化名镇的牛佛古镇，历史绵远悠久，文化底蕴深厚，人文遗踪浩繁，本书所涉及的或可说是古镇风情的只鳞片爪。还有巨大的未知空间，容我们大家共同去发掘和发现，以期更加充分地展现其独特魅力和迷人风采。

本书资料来源于清代至今各版《富顺县志》《富顺县乡土志》《富顺文史资料选辑》《自贡市志》《自贡文史资料选辑》，以及档案馆藏牛佛区（镇）档案史料、相关部门志、相关姓氏谱牒和其他文献资料。此外，还来源于我采录的口碑资料，以及亲自发现和整理的遗存、遗迹、碑刻文字资料。有关"李蓝起义"部分，主要参考罗尔纲《太平天国史》、胡汉生《李蓝起义史稿》、陈谋玉《李永和、蓝朝鼎农民起义小史》等，并结合实地访闻所得，加以提炼、整理而成。本书中图片，除巴骄拍摄外，另有部分由杨焕明、缪自平、罗蜀江等提供。在此一并致以衷心感谢！

　　由于时间仓促，著者水平有限，错漏在所难免。欢迎方家读者纠错指谬，不吝赐教！

巴　骄

2014 年 6 月 26 日于烛影山房

图书在版编目(CIP)数据

牛佛镇史话/巴骄著. ——北京:社会科学文献出
版社,2016.10
(中国史话)
ISBN 978 – 7 – 5097 – 7216 – 4

Ⅰ.①牛… Ⅱ.①巴… Ⅲ.①乡镇 – 地方史 – 富顺县
Ⅳ.①K297.15

中国版本图书馆 CIP 数据核字(2015)第 048489 号

"十二五"国家重点图书出版规划项目

中国史话·社会系列
牛佛镇史话

著　者/巴　骄

出 版 人/谢寿光
项目统筹/袁清湘　谢　安　　责任编辑/王玉霞　楼　霏
出　　　版/社会科学文献出版社·史话编辑部 (010) 59367143
　　　　　　地址:北京市北三环中路甲 29 号院华龙大厦　邮编:100029
　　　　　　网址:www. ssap. com. cn
发　　　行/定制出版中心 (010) 59366509　59366498
　　　　　　市场营销中心 (010) 59367081　59367018
印　　　装/三河市尚艺印装有限公司
规　　　格/开本:889mm × 1194mm　1/32
　　　　　　印张:4.625　字数:98 千字
版　　　次/2016 年 10 月第 1 版　2016 年 10 月第 1 次印刷
书　　　号/ISBN 978 – 7 – 5097 – 7216 – 4
定　　　价/25.00 元

本书如有印装质量问题,请与读者服务中心 (010 – 59367028)联系